著者◎罗华庆

主编单位◎敦煌研究院

主编◎樊锦诗

佛国尊像

解读敦煌

华东师范大学出版社

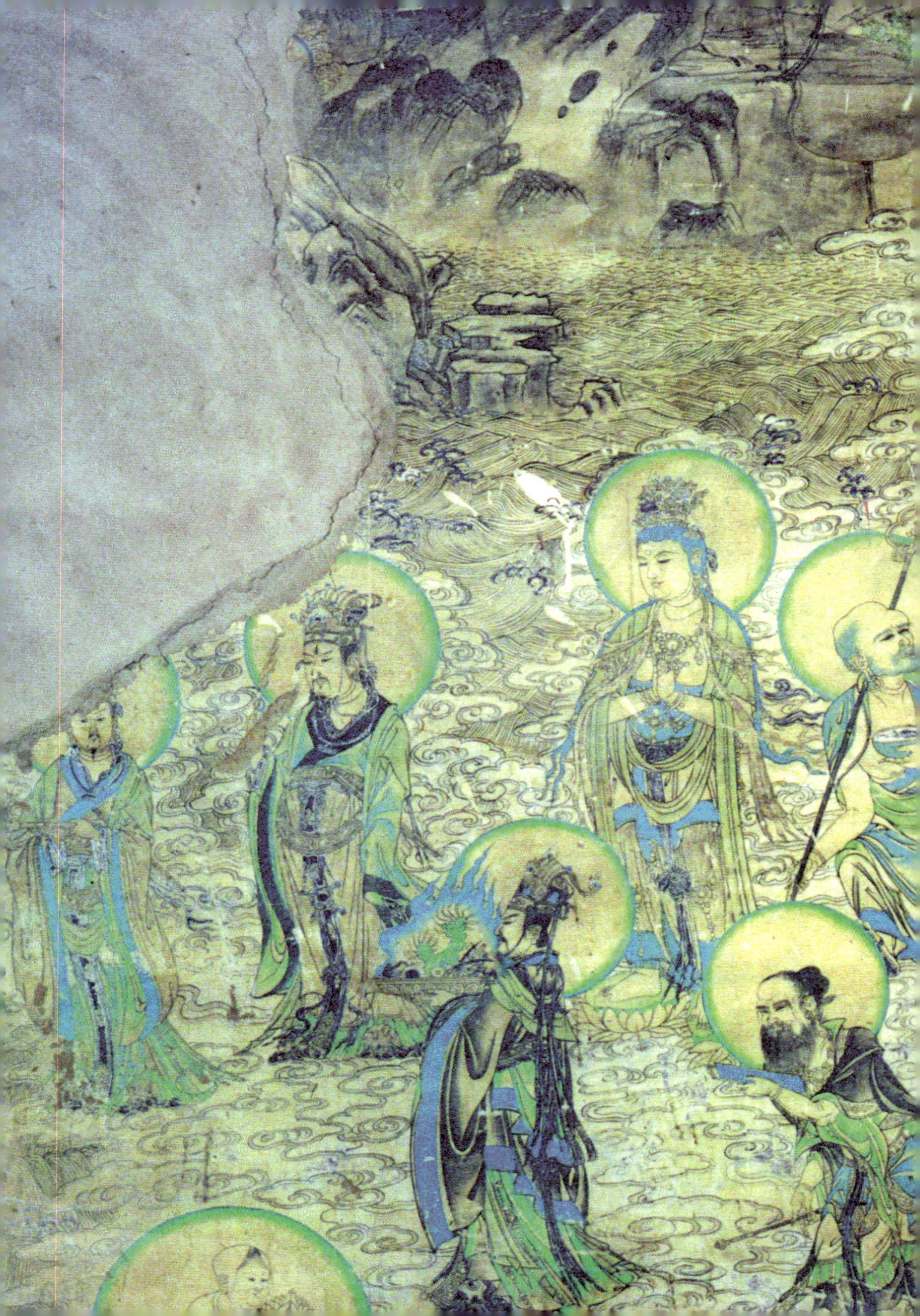

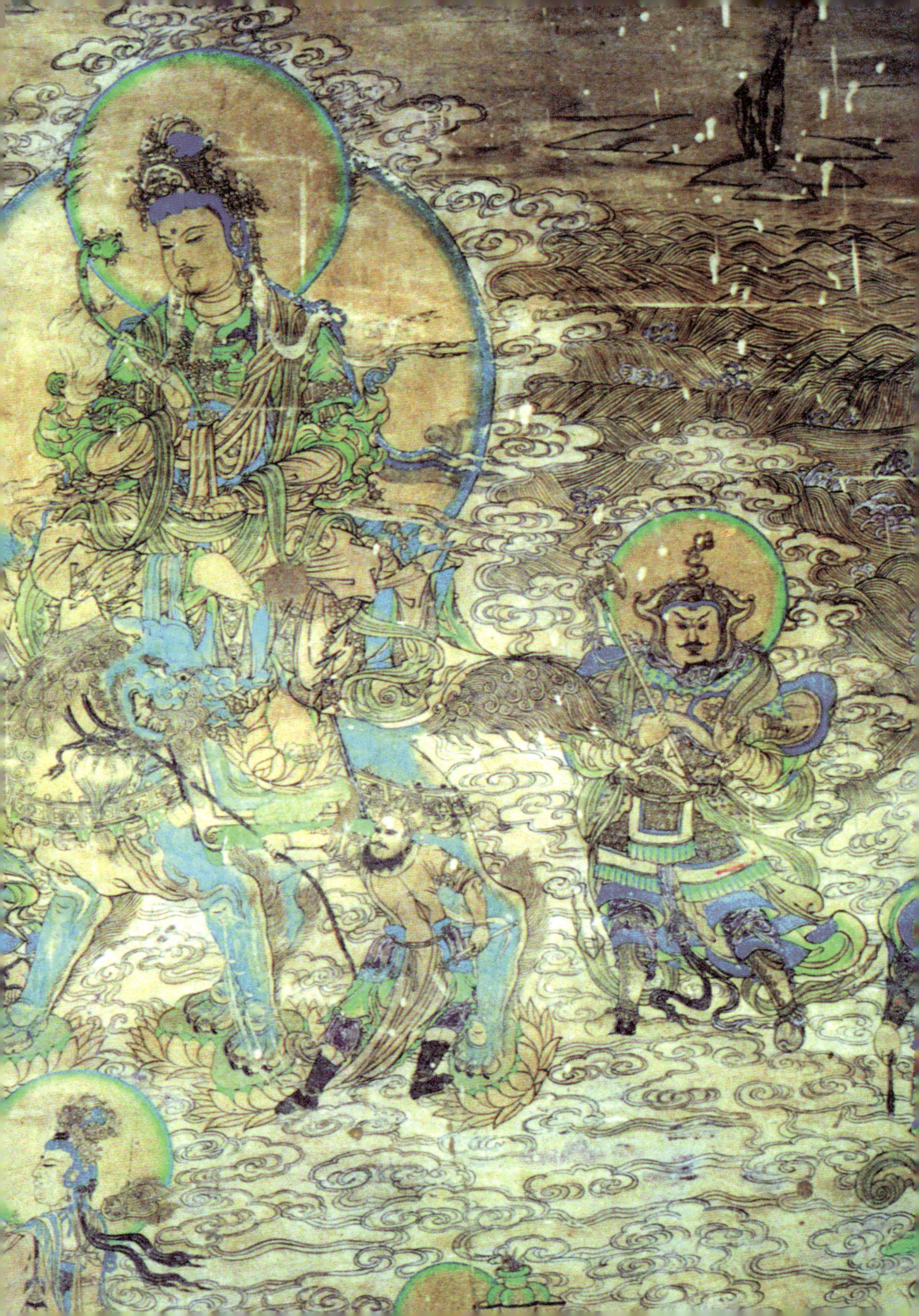

众所周知，中国的佛教与儒家和道教曾经对中国古代社会生活产生过重大的影响。中国佛教美术艺术与佛教相生相伴，相互影响，相互促进。中国佛教美术艺术应佛教需要而成长，应佛教发展而发展，对弘扬佛教教义和佛教思想起过至关重要的作用。中国佛教美术艺术也是中国古代美术艺术不可或缺的重要组成部分，推动了中国古代美术的发展。

中国佛教美术留下了无数的遗迹、遗存和遗物，任历史上诸多古刹名寺因战火、天灾、人祸而灰飞烟灭，寺庙建筑中的佛教艺术也随之消失殆尽。唯开凿于山崖的佛教石窟寺虽历经沧桑，仍大多得以保存。敦煌曾经是古代丝绸之路上的交通枢纽，商业贸易的集散之地，是世界上四大文化、六大宗教、十余个民族文化的融汇之处，在敦煌适宜的土壤上，辉煌的敦煌莫高窟及其佛教艺术应运而生。敦煌莫高窟迄今保存了735个洞窟、45000平方米壁画、2000多身彩塑、5座唐宋窟檐。敦煌莫高窟是中国现存规模最大的佛教石窟寺遗址，是世界上历史延续最悠久、保存较完整、内容最丰富、艺术最精美的佛教艺术遗存，代表了公元4至14世纪中国佛教美术艺术的高度成就。

然而，敦煌莫高窟这处千年佛教圣地，由于历史原因，公元16世纪以后，竟成为被历史遗忘的角落，它的丰富内涵和珍贵价值长期鲜为人知。

清光绪二十六年（公元1900年）发现的藏经洞，出土了公元4至10世纪的文书、刺绣、绢画、纸画等文物5万余件。其中文书，大部分是汉文写本，少量为刻印本。汉文写本中佛教经典占90%以上，还有传统的经史子集和具有珍贵史料价值的"官私文书"等。除汉文外，还有古藏文、梵文、回鹘文、粟特文、于阗文、龟兹文等多种少数民族文字。

藏经洞及其文物的发现，引起了学界的震惊，中外学者以藏经洞文献研究为发

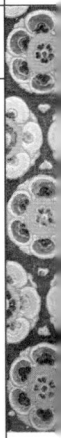

端，开始关注敦煌莫高窟，从而引发了对敦煌莫高窟和敦煌地区石窟佛教艺术研究的热潮。在这个敦煌研究的热潮中，1944年，一个保管和研究敦煌石窟（包括敦煌莫高窟、西千佛洞，安西榆林窟、东千佛洞，肃北五个庙石窟）的机构——国立敦煌艺术研究所在大漠戈壁的敦煌莫高窟中诞生了。

六十多年来，一批又一批有志青年离开了繁华的都市，来到了西部边陲的敦煌莫高窟安家创业。他们住土房、喝咸水、点油灯，严寒酷暑，大漠风沙，孤独寂寞，磨灭不了他们心中神圣的追求，为了保护敦煌石窟，为了研究和解读敦煌石窟艺术，一年又一年，一代又一代"敦煌人"默默地奉献着青春、智慧、家庭，乃至人生。

经过几代敦煌学者对敦煌石窟长期深入细致的调查、整理、考证、研究，敦煌石窟壁画的尊相画（指大彻大悟、大智大勇的佛，慈悲为怀、普度众生的菩萨，虔诚修行、以求自我解脱的弟子，威武勇猛、守护佛法的天王、力士，轻歌曼舞的伎乐飞天等等佛教众神）、释迦牟尼故事画（指佛教教主释迦牟尼生前救度众生的种种善行故事，今生诞生宫廷、犬马声色的太子生活、出家修行、降魔成道、教化众生的传奇故事）、经变画（指隋唐时期中国艺术家根据大乘佛教经典创作绘制的大幅壁画）、佛教东传故事画（指宣扬佛教东传、佛法威力、佛迹灵验等等神奇故事）、神怪画（指佛教接纳的中原汉地流行的传统神话和神怪形象）、供养人画像（指为祈福禳灾而出资开窟造像的功德主及其眷属的礼佛画像）、图案纹样（指装饰各洞窟建筑、彩塑和壁画的图案纹样）等七类专题性如同天书般的内容逐渐得以认识、揭示和解读。

通过研究，学者们不仅解读了作为敦煌石窟主体的佛教的题材内容、思想、教义及其演变发展，而且还揭示出壁画表现的人间所没有的佛教众神和他们所居住的佛国世界，其素材无不取自于现实人间世界。揭开佛教教义的神秘面纱后，可以看到，敦煌壁画中名目繁多的佛国世界是现实世界的反射。展示在人们眼前的不只是虚幻的佛国世界，而且是一千年敦煌和河西的形象历史，是一千年丰富多彩的古代社会生活，是一千年内涵博大的文化，是一千年壁画和彩塑艺术的发展史。因此，敦煌石窟被誉为"佛教艺术宝库"和"中世纪的百科全书"。今天，当历史图像资料已经成为凤毛麟角的时候，通过博大精深的敦煌壁画认识中国古代历史和社会，显得尤为重要。

此次出版的"解读敦煌"系列丛书，是由敦煌研究院的资深专家和摄影师共同完成的一套内容详备、体例新颖、面向广大读者的通俗读物。本系列丛书具有三大优势：

一、全面涵括了敦煌石窟的建筑、壁画、彩塑以及出土文书的内容，体系浩大、内涵丰富；

二、由敦煌研究院资深专家组成的作者队伍，将他们数十年的研究成果，以佛教、艺术、社会三大类多专题的形式，深入浅出地向读者解析敦煌石窟的奥秘；

三、由敦煌研究院资深摄影师拍摄的两千幅精美照片，向读者全方位、多角度地展示多姿多彩的敦煌石窟艺术。

本丛书将向全世界展示中华民族在历史上创造的杰出艺术成就和东方古代文化的辉煌，向全世界讲述历史留在敦煌的繁华和一个个悠远的故事。

最后，我们通过出版"解读敦煌"系列丛书，以纪念藏经洞发现110周年、敦煌研究院建院66周年、敦煌莫高窟被联合国教科文组织列入世界文化遗产名录24周年。

樊锦诗

2010年6月20日

目
录

目录

第二章　慈悲怡然的菩萨

第三章　罗汉与弟子的世态风貌

目录

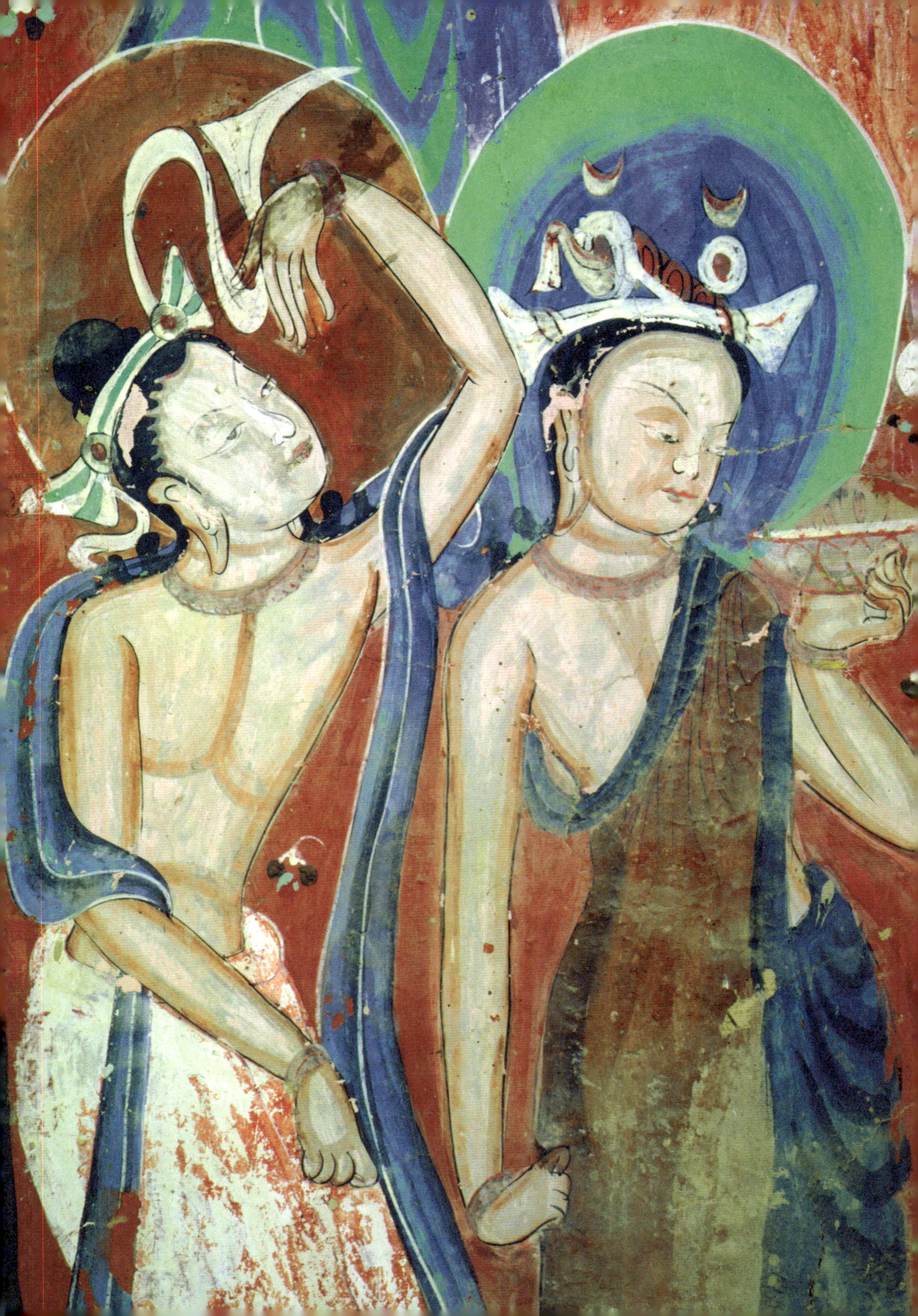

前言 | 慈 颜 妙 相　感 召 信 众

敦煌地处瀚海大漠边缘，扼居阳关、玉门关，西通葱岭，东接中原，是丝绸之路的交通枢纽。这里自古是多民族的聚居区，具有深厚的佛教基础，中原最早是通过这一地区接触佛教的。自公元4世纪开凿石窟以来，历时千年不绝。尊像画即为石窟壁画的重要组成部分。

在佛教绘画中，佛的说法图和说法像，以及各类菩萨、声闻、佛弟子、诸天护法神像等，被称作尊像画。它与石窟、佛寺中的佛教故事画、经变画相比，具有形式简约，内容单纯的特点，在一个洞窟的整体布局中，既独立成幅，又彼此关联呼应，与其他主题的壁画共同构成一个相对完整独立的佛国世界。使人步入其间，犹如走进佛国，"人佛交接，两得相见"，在潜移默化中，"动人心志"，唤起信众对理想与现世的企盼，从而实现佛教艺术的目的。观像犹如见佛。对于僧侣来说，修禅是其重要功课，而修禅必先观像，如《坐禅三昧经》所云："若初习行人，将至佛像所，或教令自往，谛观佛像相好。"而对于一般信众来说，观像是为了礼拜、供养等宗教仪式，或为了修福田、修功德，乃至发愿和满足要求。

敦煌石窟的尊像画，是各个时期壁画表现的首要题材，不但出现时代早，而且延续时间长、绘制数量众多，形成了庞大的尊像画系统。根据其特点，从北朝的萌发期，经隋、唐、五代，到宋元进入消亡期，可以把敦煌尊像画的发展分为六个时期。

北朝萌发期。敦煌现存最早的洞窟，开凿年代可考的大约是5世纪初的北凉（公元366～439年），经历北魏（公元439～534年）、西魏（公元535～556年）、北周（公元557～581年）等朝代，历时215年。北朝时期的尊像画中，除释迦牟尼佛

0-1　北朝中心塔柱窟内的尊像画　▲
北周　莫高窟428窟

为四众演说妙法的说法图外，还有三世佛、无量寿佛、千佛、过去七佛等说法图和说法像，以及作为佛胁侍的菩萨、弟子、护法神像等。这时尊像画的题材，与当时北方地区流行的佛教有密切的关系。南北朝时期由于国家的分裂，南北方在政治、经济、文化上的差异，使佛教也有南、北之分，南方重义理，北方重禅法。

敦煌东临禅法重地凉州，出现过一些著名的禅师，莫高窟的创建就是由禅僧乐僔、法良主持开凿的，因此，敦煌石窟北朝时期的尊像画题材，多与禅观有密切关系。北朝流行的中心塔柱窟，表现了修持禅法所需的造像、观像、礼佛、供养的主题。这也是当时开窟造像的目的。

隋发展期。隋朝（公元581～618年）统一全国，结束了近300年南北分裂的局面。隋朝的皇帝笃信佛教，大写佛经，广造寺塔，奉佛之风犹胜前代。在敦煌短短的30余年间，石窟数量聚增，开有70余窟，出现了大量以大乘经典为依据的尊像画和经变画，突破了北朝佛教的局限。隋代的尊像画，上承北朝余绪，下启唐朝新风，在敦煌尊像画的发展历程中占有重要的地位。隋代佛教提倡"定慧双弘"，要求坐禅观像，懂得佛教义理。所以隋代尊像画又被赋予了新的内涵，就是净土思想的流行和日益追求现世利益。净土信仰主要有阿弥陀佛的西方净土、药师佛的东方净土、弥勒菩萨的兜率净土，反映在尊像画中则是阿弥陀佛、药师佛、弥勒菩萨说法图的出现和流行，追求净土的无上胜景和美妙成为净土信仰的重心。这时观像的目的，已渐渐由深入禅定、对彼岸成佛的要求，转为对现世的消灾祛难、益寿延年等的渴望和需求。

有唐一代，佛法大兴，佛教艺术异彩纷呈。习惯上以唐建中二年（公元781年）

0—2 唐代殿堂窟内的尊像画 ▼
初唐 莫高窟57窟

敦煌沦陷吐蕃为界，把唐代分为前期（初盛唐，公元618～781年）成熟期和后期（中晚唐，公元781～907年）持续期。

唐前期国势臻于极盛，陆海交通畅达，东西方文化交流频繁，富有生命力。在此期间，佛教得到空前蓬勃发展，从内容到形式，从制度到义理都形成了自己的风貌。敦煌的佛事活动，也进入了高潮，

寺院、石窟营造十分兴盛，绘塑空前，不断创新，风格多样，许多成熟于此期的尊像画题材和布局，影响后世。同时，也有部分此期成熟的尊像画题材，随着经变画的扩展而汇入其中。

唐后期，包括吐蕃统治时期的中唐和归义军张氏政权统治时期的晚唐。吐蕃原本信仰佛教，在统治敦煌的67年间，寺院林立，僧尼日增，开窟造像之风犹盛。晚唐归义军张氏家族笃信佛教，尊礼名僧，

0-3　五代中心佛坛殿堂窟内的尊像画
五代　莫高窟61窟　▼

佛事兴盛，世家豪族纷纷以"报恩"、"庆寺"为名，营造了不少大型洞窟。唐后期的尊像画题材与唐前期相比较，发生了较大的变化，首先是唐后期新经变画不断涌现，密布洞窟四壁，这样就打破了唐前期以来形成的尊像画布局格式，把尊像画排挤出洞窟内的显要位置，已不再作为壁画表观的重点。其次，由于经变画的日益成熟和定型，唐前期流行的各类佛说法图，到此时基本消失，仅存简化了的佛说法图。其三是独立成幅的尊像画日益减少。以后的尊像画，多遵循唐后期形成的格局。可以认为，唐代前、后期是敦煌尊像画发展历程中的重要分界线。

0-4 文殊变中端盘女
菩萨头戴花蔓冠，挽高髻，面相丰腴，身披天衣，挂璎珞，手捧花盘。
五代 莫高窟36窟 南壁

五代、宋复兴期。五代（公元907～960年）初，沙州长史曹议金接替了张氏政权，自此以后曹氏统治敦煌百余年，跨越五代、北宋两时期。曹氏把佛教视为"圣力"，认为要社会安定，必须"虔诚佛理，仰仗慈门"，所以邀请僧人"开贝叶之金文，诵真言之宝偈"。在此期间，沙州境内所建寺院数量超过了唐代，并开凿了为数众多、规模巨大的洞窟。为了更好地营造寺院和石窟，曹氏政权还仿照中

0-5 菩萨 ◀
两菩萨均戴宝冠，一斜披天衣，一裸上身。两菩萨均作男面相，有清晰的胡须。
北周 莫高窟428窟 南龛

原设立画院，由于有一批技艺纯熟的画师统一规划，集体绘制，所以这时期的石窟，具有较统一的风格。五代、北宋时期敦煌的尊像画题材，在整体继承唐后期的基础上，又出现了许多新题材，扩展了敦煌尊像画的内容，形成一个复兴的高潮。

西夏、元消亡期。11世纪初，曾是归义军政权附属部落的沙州回鹘崛起，1036年西夏击败回鹘，攻陷沙州。沙州回鹘由于长期受"善国神乡"的熏陶，较早地信奉佛教，"奉释氏最盛"。在敦煌活动期间，重修重绘洞窟，其艺术风格深受高昌回鹘佛教艺术的影响。

党项族建立的西夏（1038～1227年），大力提倡佛教，以"佛国安疆"。在西夏统治敦煌的百余年间，开凿、重修和妆銮

了许多前代洞窟。

宝义二年（1227年）蒙古成吉思汗灭西夏，占据敦煌。元代置沙州总管府管理河西。元朝的统治者崇信密教，开凿和重修了部分洞窟。

沙州回鹘、西夏、元时期的敦煌尊像画，多承袭前代传统，在其发展过程中，数量逐渐减少，题材的选择范围日趋狭小，表现内容和形式较单调，随着石窟开凿的结束，源远流长、延续千年的敦煌尊像画，至元代后不再绘制。为数不多的元代壁画正是敦煌尊像画艺术的绝响。

0-6 供养菩萨 ▶
此身菩萨，杏眼、连眉、头略侧，眼微闭，双手合十，十分虔诚地同佛礼拜，绕过两壁而下垂的珠串，已经变成"黑线"。胳膊的晕染增强了形体的立体感。
初唐 莫高窟220窟 南壁

第一章　妙相庄严的佛陀

1 · 为什么释迦牟尼是佛国圣尊？

佛陀（梵文Buddha），略称佛，或称如来，意为"觉者"，亦可称之为悟得真理之人。在佛教创立的原始佛教时代，佛教尚不是严格意义上的宗教，至部派佛教时代，即巽伽王朝（约公元前180年）时期，婆罗门教在印度得到拥护，佛教分成部派，释迦牟尼已逐渐转变为宗教崇拜的对象。约在公元1世纪，大乘佛教★兴起，释迦牟尼的历史性渐趋淡薄，并将释迦推向超人格化的地位，成为无限崇拜的对象。同时导衍出释迦佛、阿弥陀佛、药师佛、弥勒佛等三世十方诸佛来。

佛教的创始人释迦牟尼（梵文Sakya-muni），意思是"释迦族的圣人"。在造像中，其胁侍菩萨文殊乘狮、普贤乘象，分列左右，合称为"释迦三尊"。

据传说，释迦牟尼诞生于公元前460年北印度迦毗罗卫城，为净饭王的长子，俗名

乔达摩·悉达多（梵文Gautama·Siddhartha），乔达摩是随其母亲家族姓。母亲摩耶夫人在生下释迦之后不久即离开人世，由其姨妈抚养成人，生活优裕。16岁迎娶王妃耶输陀罗（梵文Yasodhara），并生一

1—1—1　印度阿旃陀石窟壁画中的乔达摩·悉达多太子　▼

子，名罗睺罗（梵文Rahula）。但是，悉达多始终无法自足于他的生活，在经过多年的苦恼、深思后，29岁时终于出家成为修行者。他在山林中苦行了6年，可始终未能觉悟真理，最后放弃苦修，在摩揭陀国境内的一棵菩提树下沉思瞑想49天，终于开悟，成为觉者，时年35岁。而后，佛陀前往波罗奈斯城的鹿野苑，教化旧日对他有恩益的5位修行者，他们成了佛陀的第一批弟子和信徒。之后，佛陀继续游历各地，教化众生。80岁入灭（即涅槃），被尊为"世尊"或"释迦牟尼"。

在整个佛陀的艺术世界中，描写释迦生涯的造像占有很大比重，而且就时间上来说，也是佛教艺术中最早出现的内容。在讲述释迦生涯的故事中，主要由两大部分组成，即本生故事和本行故事。本生故事即有关释迦前诸世积习功德果报的传说，在佛教神话发达的时代，本生故事占有非常重要的地位，相传描写释迦前世的故事有数百种，释迦前世曾为国王、太子、商人、僧侣、女人或动物等，其种种本生，均显示出积行善业、功德，不惜牺牲一切的精神。释迦在经历了本生故事中叙述的无数次轮回转世后，即步入成佛的阶段。这一描写释迦生平事迹的过程，即由诞生直至涅槃，其一生各阶段发生的各种事情和场面，则称为本行故事，又称为佛传故事。

1—1—2　印度阿旃砣石窟壁画佛传故事画人物　▼

1-1-3 九色鹿与国王 ▲

传说若干世前，释迦牟尼曾为九色鹿，九色鹿在恒河里救起溺水人，溺水人反而带领国王来捕猎九色鹿，九色鹿昂首向国王直陈原委，国王颇受感动，俯首倾听，溺水人顿遭报应。

北魏　莫高窟257窟　西壁

1—1—4 乘象入胎　　　　　　　　　▲
传说释迦牟尼曾为菩萨，乘坐在白象上，白象足踏
莲花，投胎于摩耶夫人腹中，一时间天雨鲜花，虚
空中乐声四起，迎接太子的诞生。
初唐　莫高窟329窟　西壁

1—1—5 夜半逾城　　　　　（见20页图）
悉达多太子，感悟人生无常，便于夜半时分骑白马
出走，白马腾空而起，飞越城墙，踏上修行之路。一
时间彩云飘动，虚空雨花，天人奏乐欢送。
初唐　莫高窟329窟　西壁

1—1—6 降魔成道　　　　　　　　　▶
画面正中释迦结跏趺坐于菩提树下静悟。魔王波旬
率魔众阻挠释迦成佛。整个画面气势宏大，艺术效
果更为强烈。
北周　莫高窟428窟　北壁

知识库

★ 大乘佛教

佛教创始人释迦牟尼逝世后，佛教内部由于对释迦牟尼所说的教义有不同的理解和阐发，先后形成了许多不同的派别。按照其教理等方面的不同，以及形成时期的先后，可归纳为大乘和小乘两大基本派别。小乘佛教（Hinayana），为大乘佛教（Mahayana）于公元1世纪左右出现后，对原始佛教和部派佛教的贬称，但现代学者使用大小乘概念时，已无褒贬抑扬之意。二者的主要区别是：小乘佛教奉释迦牟尼为教主，追求个人的自我解脱；大乘佛教则认为三世十方有无数佛同时存在，追求大慈大悲，普渡众生，以成佛救世，建立佛国净土为目标。在义学上，小乘佛教总的倾向是"法有我无"，即只否定人我的实在性，而不否定法我的实在性。而大乘佛教则不仅主张人无我，而且认为法无我，即同时否定法我的实在性。

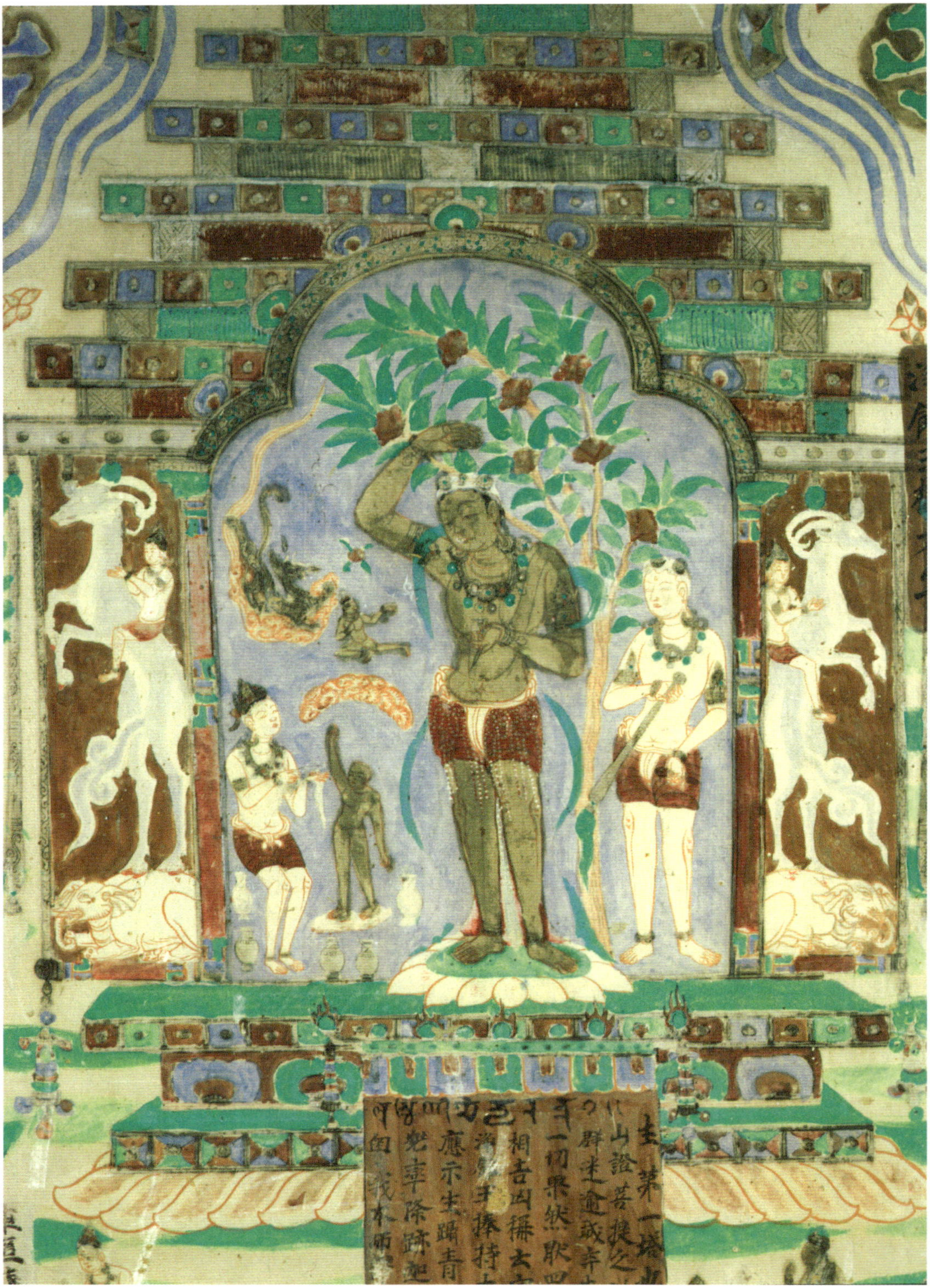

1-1-4 佛陀涅槃 ▲

佛陀于娑罗树下涅槃，卧于寝台上，足生莲花，身后弟子悲痛不已。其母摩耶夫人自天宫降于枕前探视，密迹金刚哭倒在地。人物姿态生动，色彩鲜明醒目。

隋 莫高窟280窟 窟顶

1-1-5 树下诞生 ◀

传说摩耶夫人在回家途中，感到临产，即立于菩提树下，举手攀住树枝，太子便从右腋下生出。按照印度种姓观念，刹帝利属贵族，生于腋下。

宋 莫高窟76窟 东壁

2·最早的佛陀造像起源于何时？

据说，公元前6世纪至5世纪，释迦牟尼创立佛教，并以中印度为中心传播佛教，引导世人趋向正道。释迦涅槃后，其弟子和信徒，按照印度的传统习俗，将其遗骸火化后，分其舍利，建造坟丘供养。这种坟丘被翻译为塔。到孔雀王朝的阿育王（公元前268～232年在位）时建塔达到了顶峰。这些佛塔的坛基周围以石垣围绕成栏楯，表面以浮雕装饰，于是佛教艺术即从这种装饰诞生了。早期佛教属无偶像崇拜，因此这时的佛教艺术中既没有佛像也没有菩萨像。在已发现的遗物中，多雕

1-2-2　印度阿旃陀石窟佛陀像　▲
阿旃陀石窟营建于公元前2世纪至公元6世纪，存29洞。有石雕佛像、藻井图案和壁画等，其壁画被认为是印度古代壁画的重要代表。

刻守护佛法的诸神像，以及讲述释迦前世的本生故事、释迦的生平事迹、装饰纹样等。至于佛教中的主尊人物佛陀，在表现他生涯的作品中，只是用一些信徒们所熟悉的象征物，如菩提树、法轮、台座、足印等来代表佛陀。著名遗迹如印度的桑奇大塔。

迄今发现最早的佛陀造像出现于公元1世纪。从黄河上游西迁的大月氏人在印度

1-2-1　阿育王石柱　▲
公元前3世纪，印度阿育王所立石柱，上有狮子头，下有覆莲，均源自亚述、波斯文明，中有法轮，原是印度兵器，也是印度神的持物，表示威力与降服，后为佛陀象征。

建立贵霜王朝，国王迦腻色伽在金币上铸造了佛陀，并有佛陀字样，而金币的另一面则铸有国王像。随之而起的佛像制作中心，据考古发现是在中印度的秣菟罗（Mathura）和西北印度的犍陀罗（Gandhara），其产生的原因是基于崇拜的需要和大乘佛教的成立。大乘佛教针对传统佛教（即小乘佛教★），将释迦的存在超历史化、超人性化。在大乘佛教中，释迦牟尼与其说是历史人物，不如说是理想的表征，释迦的种种性格、精神被实体化，创造出众多的佛，在这一演进过程中，佛像的成立具有了非常重要的意义。同时，大乘佛教作为大众性的宗教，以慈悲的精神立足于世间，强调解救生活在苦难当中的众生，在到达彼岸之前，先行拯救他人。凡能实践这种利他的行者，则称为"菩萨"，不论何人，只要立下济渡众生的誓愿，都可以成为菩萨。但是，对于一般人而言，以慈悲的精神实践菩萨行为毕竟困难，因此，大乘佛教又强调借着皈依诸佛、诸菩萨，以彼力量协助自我，由此产生坚定的信仰，作为信仰对象的佛像，遂成为超人的象征，这种趋向，在三世十方出世的无数佛、菩萨中表现无遗。为了便利信仰和参拜，使人们对佛、菩萨等有实际的概念，遂将其身体形象化，加以崇拜，于是便出现佛像和菩萨像等。

1-2-3 桑奇大塔上的雕刻 ▲

公元前 1 世纪的印度桑奇大塔，是为纪念和礼拜佛陀而建，门上雕刻有药叉女，头束菩萨髻，裸身饰璎珞，保持有印度信仰中的女性生育崇拜的特征。

1-2-4 铸有佛陀造像的金币 ▼

公元 1 世纪印度贵霜王朝铸造的金币上，有佛陀造像，并有铭文"BODDO"，即"佛陀"。是迄今发现最早的佛陀形象，具有明显的希腊风格。

1—2—4　释迦佛说法图　▲

释迦佛结跏趺坐，施无畏印。内着僧祇支，外覆袈裟，袈裟边缘镶尖角垂饰，有如仙人羽衣。两旁菩萨胁侍。释迦的眼、鼻上点白，为印度画法，僧祇支尚存有赭红色起稿线。

北魏　莫高窟251窟　北壁

知识库

★**小乘佛教**

　　梵文Hinayana的意译。原是大乘佛教对原始佛教和部派佛教的贬称。学术界沿用此称，但已无褒贬含义。一般称为二乘，即声闻乘、缘觉乘。主要经典是后来形成的经、律、论三藏。小乘佛教在中国曾十分流行。中国最早流行的禅数学以及此后的毗昙学、成实学、俱舍学等，皆属小乘。中国的律宗和律学也主要以小乘律为依据。现小乘佛教主要流传于斯里兰卡、泰国、缅甸、老挝、柬埔寨等南亚及东南亚各国。

1-2-5 持莲观音 ◄
观音头戴化佛冠，上饰
仰月，面相圆润丰腴，
珠宝项饰、披帛钏镯与
罗衣璎珞，极为华丽，
左手提瓶，右手执青莲
花，人面花容相映，极
富情趣。
盛唐　莫高窟217窟
西壁龛外

3·佛教造像为什么能在中国扎根？

佛教自公元5世纪初叶，在印度已渐衰落，许多佛教遗迹皆呈破败之象。大乘佛教为了发展，将教主神化，并兼容了多种宗教的概念，甚至说印度教★大神帝释梵天也是佛教的护法。印度佛教东渐的过程中，连接东西丝绸之路的中亚地区起了重要的作用。在公元前后的数世纪，东西方文明在中亚地区发生了历史性的大融合，希腊、伊朗、印度、中国诸文明在此建立起密切的关系，发生了广泛的接触和撞击。在这样的生活空间下，人们极力扩展商业、宗教以及各种知识的领域，因互相间的好奇，引发了冒险精神，更由于国际间的互相需要，促使他们致力发展国际贸易，于是有了商队、使者、僧侣、游子等不断地往返。佛教在这和经济、文化交融的激流中，发挥了强有力的效能，它像一股思想激流冲过丝路，以"善有善报，恶有恶报"的教义，带给冒险家和当地贫苦的人们无限的慰藉，中亚地区成为了佛教向东方扩展的中心。

佛教和佛像传抵中原的时代，众说纷纭，其中以东汉明帝时较为可靠。史称东汉明帝永平年间（公元58～75年）知西方有神，遣蔡愔自天竺（今新疆和田）携回经卷及佛像，并有天竺僧人迦叶摩腾、竺法兰二人随之东来，建白马寺以为僧侣寄

1-3-1 丝路贸易 ▼

图分两栏，上栏是商旅在途中休憩。从左起为车内的商主、卧地的骆驼、一旁打盹的驼夫、汲水者、饮马、给病驼灌药。下栏是商队，以桥为界，左侧是中国的商队正在上桥，右侧是胡商中西商贸驼队和马队。该图记录了当时丝绸之路的繁荣风貌。
北周　莫高窟296窟　窟顶北坡

1-3-2 出游四门 ▲
敦煌早期洞窟的壁画，描绘有悉达多太子出游四门所遇见的烦恼。人物画法以结构线为基础，具有西域特色。由此可以看出当时是以佛陀生平故事为主要信仰。
北凉 莫高窟275窟 南壁

居供佛之所。在汉末时有"铸金佛"之说，而笮融设浮屠祠供人祭祀。在公元3世纪的佛经翻译和史传中屡屡提及佛像之事，然这些尚未得到实物的证明。在鬼神盛行的东汉，显然是将佛作为神崇拜的。

佛教和佛教造像的突然兴起，与十六国和北朝的统治理念有关。这一时期，入主中原的多为少数民族，由于地域和文化关系，皆以佛教立国，在其倡导下，佛教得到逢勃发展，中原贵族、百姓也随之信仰，推波助澜。此外，自东汉末年屡遭变乱，兵马倥偬，儒学沦丧，民不聊生，佛教成为当时人们希望之所寄托，也是情理之中的事。佛教在传播过程中，以其很强的包容性和适应性，把许多抽象的宗教哲理，演绎成无数的象征和寓言式的故事，并以具象的绘画、雕刻形象，吸引了众多的信徒。印度文化与中国文化之间本来存在着很大的差别，在佛教传入中国之前，

1-3-3　窟顶的飞天与莲花　　　　　▲
山西大同云岗石窟开凿于北魏早期，其工程规模宏大，雕饰繁缛，色彩缤纷，兼有印度、中原、南朝及河西的造像特点，突破了中国自古少有石雕的现象，并突出表现了北魏王朝"以佛立国"宏大愿望。

1-2-4　河南洛阳白马寺　　　　　　▼

中国已经具有高度的传统文化，包括史学、文学和神学、儒学。而作为文字史学文明，印度以及五胡尚落后于中国，胡人统治者也自知文化浅薄，因而希望以自身信仰的佛教文化，与中国的传统文化相抗衡，但最终的结果则是中外文化兼蓄并收，在印度日渐衰落的佛教在中国却兴旺发达起来。

1-3-5 帝后礼佛图 ▶
河南巩县石窟寺，开凿于北魏王朝迁都洛阳之后。帝后礼佛图表现了中原王室对于佛教的倡导与推动。人物姿态优雅，曲线流畅，具有典型的北朝风格。

1-3-6 东汉陶佛像座 ▼

知识库

★ **印度教**

印度传统宗教。源于古印度吠陀教及婆罗门教。一般认为，约在公元8世纪，印度历史上著名的改革家商羯罗吸收了佛教和耆那教的某些教义，对婆罗门教进行改革而形成了印度教。印度教中有诸多崇拜的神，大神主要有三个：创造之神梵天、破坏之神湿婆和保护之神毗湿奴，围绕这三大神又衍生出很多其他的神。将信徒分为婆罗门、刹帝利、吠舍、首陀罗四个种姓。强调因果报应及生死轮回，祭祀万能与崇尚苦行，并承认吠陀经典的权威。

4·说法图如何表达佛陀的慈悲精神?

尊像画中的释迦牟尼佛像，主要表现为释迦成佛后的各种说法图和说法像，在这些说法图和说法像中，没有场景的变化和相应的故事情节的出现，因而也不能确指是释迦生涯中某一阶段或某一地点发生的事情，而只是一种作为象征意义上的崇拜对象。

1-4-1 施无畏印说法图 ▼
释迦佛结跏趺坐于莲花座上，施无畏印。释迦头顶生髻，眉间生白毫，耳轮阔大，手指柔软，指间生缦网，身形端正，放射光芒，均合佛陀造像"八十种好"、"三十二相"。
北魏 莫高窟251窟 北壁

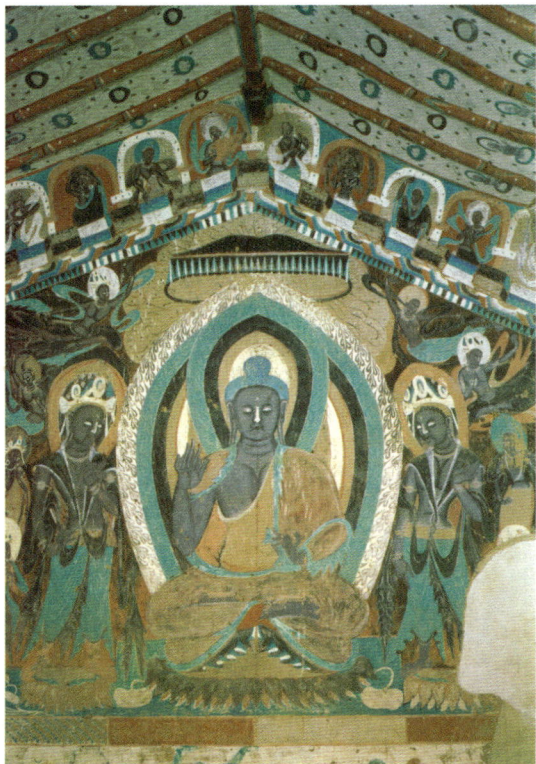

★印契
又称手印、印相、密印等。指用手指绾结而成的各种特定式样，代表一定的意义。如寺院中常见的佛像印契有手法印、与愿印、施无畏印、大金刚轮印、小金刚轮印、弥陀定印、转法轮印等。样式繁多，且因显宗、密宗或教派不同而有种种说法。

敦煌尊像画中的释迦说法图，极盛于北朝、隋代和唐前期，唐后期开始减弱。由于以图解佛经为题经变画占据了主导地位，尊像已不再作为壁画表现的主要内容，除五代有短暂复兴的潮流外，总体上呈现出一种逐渐衰落的趋势。

北朝时期的释迦佛说法图，多绘于洞窟南、北壁前部人字披下的空间和后部千佛图像中间，说法图中释迦佛胁侍眷属的配置，多为一佛二菩萨或多身菩萨，亦少有弟子形象出现。释迦说法以结跏趺坐★为主，间有少量立姿和交脚坐式，佛座有莲花座、台座、狮子座等，佛身着右袒袈裟和通肩袈裟两种，印契★有施无畏印、与愿印、说法印。

隋代的释迦说法图，由于洞窟型制的变化，多绘于洞窟的南、北壁千佛图像中央和东壁门两侧壁上，或满布洞窟四壁。释迦说法图主要有一佛二菩萨、一佛二菩

萨二弟子或多位菩萨、弟子。释迦说法仍多为结跏趺坐，由于说法图中缺乏场景的描绘，表现的内容难以确认，与北朝时期的释迦说法图相比较，组合形式渐趋定型，大幅的说法图已不多见。

1-4-2 一佛四菩萨说法图 ▲

释迦佛施无畏印，两侧各二菩萨，均立于宝池中的莲花台上。佛光上方为饰兽头和双凤的华盖，两侧飞天，上面的是穿大袖长袍的中原式，下面的一对，帔巾长裙，属西域式。

西魏 莫高窟249窟 北壁

1-4-3　一佛四菩萨说法图　▲
佛结跏趺坐说法，内着绿色僧祇支，外覆田相袈裟，两侧菩萨持瓶侍立，合掌胡跪供养，飞天散花起舞。构图简洁，色调明快，高低变化富有节奏。
北周　莫高窟428窟　南壁

唐前期的释迦说法图，由于面临日益强势的经变画的扩展，已渐次退出石窟的主要壁面，多绘于东壁门上和西侧壁上，说法图上佛陀仍以结跏趺坐为主，有少数立姿像。释迦佛的胁侍多沿袭前代的菩萨和弟子，个别的说法图中出现了护法的金刚力士像。这一时期，除释迦说法图外，还出现独尊式的释迦说法像，绘于洞窟东壁门两侧壁或西壁佛龛外两侧壁上，呈对称布局。盛唐晚期还有在西壁龛内盝形顶

四披画连续的释迦说法像数目多达15至20身。这类释迦说法像，均为立姿，或称为经行式说法像，身着通肩袈裟和右袒袈裟两式，印契有说法印、与愿印、施无畏印等。

唐后期的释迦说法图，构图简约，内容单一，且多绘于洞窟窟顶四披的千佛图像中央，其组合形式有一佛结跏趺坐、一佛二菩萨、一佛二菩萨二弟子。此外，在少数

1-4-4　双树释迦说法图　▶
释迦佛坐于双树下说法，面相英俊，肤色白皙，比例适度。构图简略，宝盖、背光、须弥座和双树、莲花仍呈现出丰富的变化。色彩对比强烈，以赭红为地，以石青、石绿画双树，未勾线。
隋　莫高窟314窟　东壁

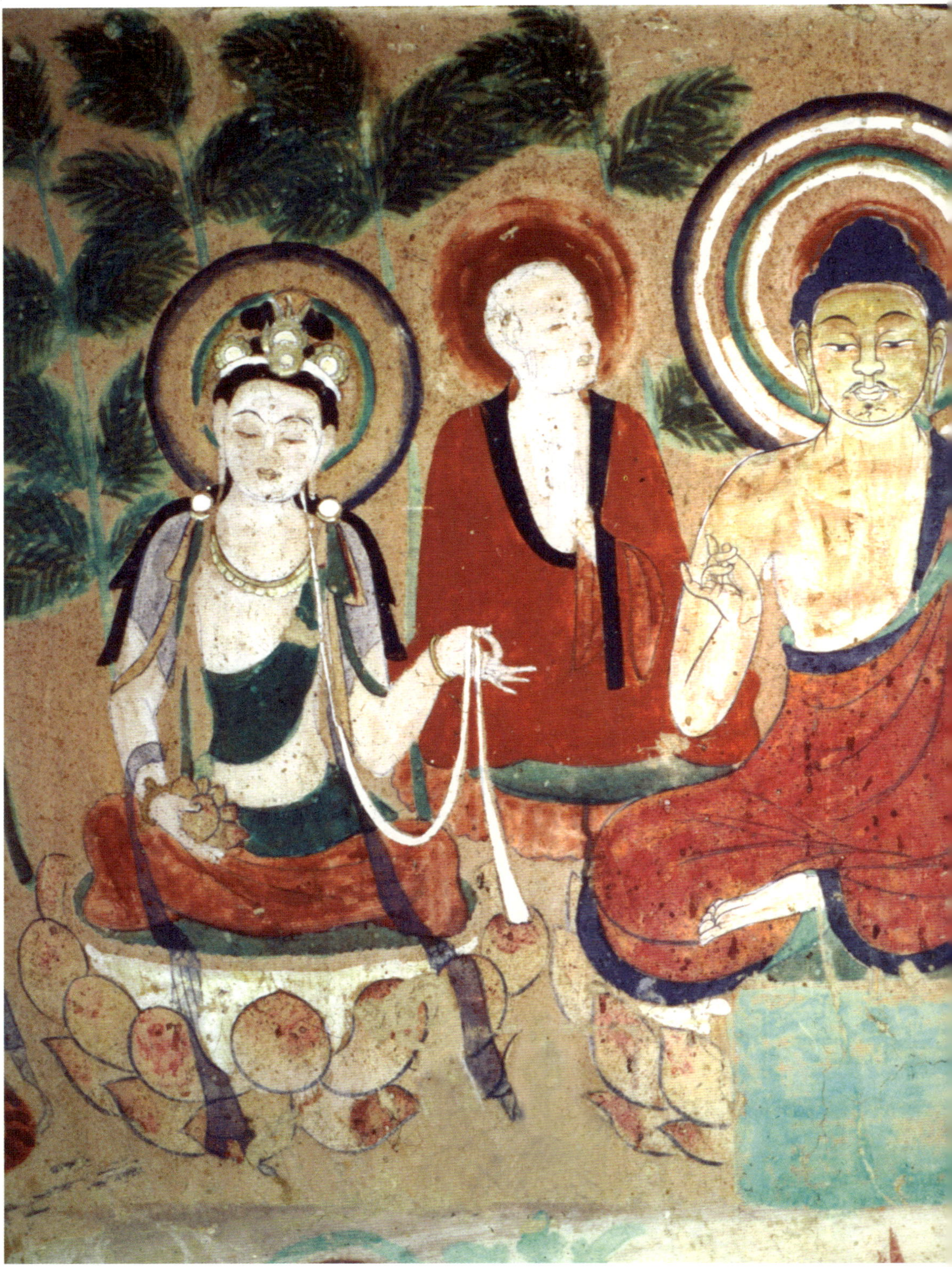

1-4-5 竹林释迦说法图
竹林中，释迦佛与菩萨、弟子结跏趺坐莲花上，意境恬淡。佛陀庄严静穆，弟子虔诚沉静，菩萨沉浸于神思遐想中，薄纱透体，形象优美。描绘的应是释迦在竹林精舍说法的情景。
初唐 莫高窟322窟 东壁

洞窟的龛内盝顶四披上仍绘有立姿的释迦说法像和跏坐说法像。

五代、宋即曹氏时期的释迦说法图，新开凿的洞窟仍绘于窟顶四披千佛图像中央，补绘前代洞窟中的说法图，相对集中于洞窟甬道两侧壁上，主要绘一佛二菩萨、一佛二菩萨二弟子或有二天王说法图。在榆林窟五代中心佛坛窟内，主室正壁出现一种绘有通壁大型的释迦说法图，释迦佛结跏趺坐，两侧胁侍弟子、菩萨、帝释、梵王、四大天王和天龙八部等像，场面宏大，人物众多，并有榜题题名。

沙州回鹘、西夏、元时期的释迦说法图，除少数绘于洞窟南、北壁外，多数位于洞窟前室和甬道上，画幅较小，极少有说法背景的描绘，形象单一，主要为一佛二菩萨，或有多菩萨、二弟子。

在释迦造像中，以"说法相"最为普遍。佛陀的说法相，由于各种佛的形态基本相同而难以辨识，所以多依据印相来分别诸佛。印相的意义，佛教解释为标识，即诸佛的"彻悟"、"与愿"、"功德"的标识，也即是诸佛"大悟"的外在表

1-4-6 说法印释迦说法图

释迦佛结跏趺坐于莲花座上，施说法印。两侧侍立菩萨，一身持瓶，一身持莲，姿态优雅。宝盖两侧的飞天，展臂翱翔于五彩云间。线描精细，设色浓重，极具时代特点。

初盛唐 莫高窟329窟 东壁

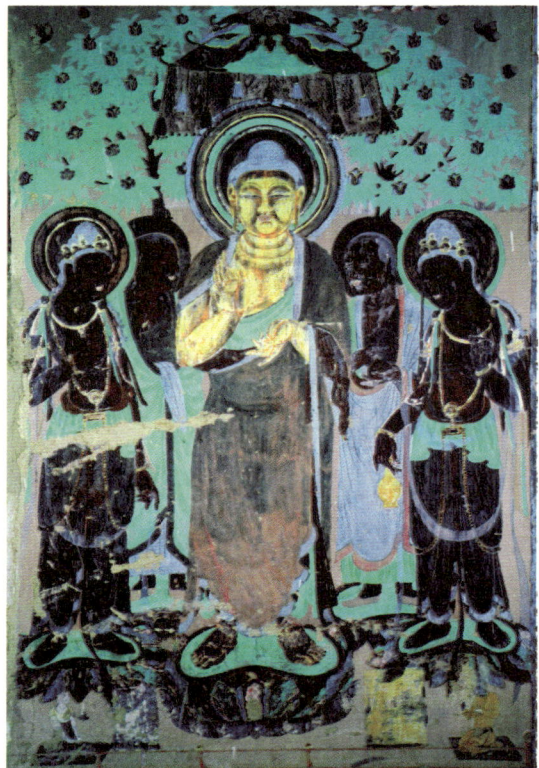

1-4-7 经行式说法图

释迦佛作经行式说法状，面部和肌肤呈金黄色，部分晕染，用凹凸画法，有很强的立体感。弟子沉静庄严，菩萨体态婀娜。变色后的色彩，显出一种自然古朴的立体感。

初唐 莫高窟329窟 东壁

现，是以间接、象征的方式来表达复杂的精神内涵，也是佛陀特定行为中的神态而产生的。释迦佛的印相主要有禅定印、降魔印、说法印、施无畏印、与愿印。敦煌历代释迦说法图中，常见的印相是施无畏印和与愿印的尊像，较少有禅定印和说法印。由此可知，佛教传入中国和传播，尽管历代高僧大德们在佛学哲理的研究上硕果累累，但仍注重于施无畏印和与愿印所

1-4-9　六佛赴会释迦说法图　▲
释迦佛结跏趺坐于莲台，作说法印，额间白毫发光，上有化生佛六身前来赴会。四菩萨胁侍，前有护法金刚力士，供养菩萨分踞左右。用笔道劲细致，色彩晕染柔和，保存完好。
盛唐　莫高窟205窟　北壁

1-4-8　供案释迦说法图　▼
释迦佛右袒袈裟，结跏趺坐说法，座前有供桌，上供香炉、净水瓶，两侧供养菩萨胡跪胁侍，从佛座莲花中生出枝蔓，千佛端坐其上，结禅定印。设色明丽，富于装饰效果。
中唐　西千佛洞18窟　窟顶

敦煌之最

★**莫高窟绘制说法图最多的洞窟**

莫高窟绘制说法图最多的洞窟是隋末唐初的390窟。根据专家考证，此窟始凿于隋末，约在唐武德初年修建完成。窟内四壁中间部分三层全部画说法图，有大有小，总计116铺。说法图中的坐佛面相、袈裟、法相不同，胁侍菩萨的形象丰富，而且佛头顶上的菩提树叶和华盖也不相同。

显示的佛陀的慈悲精神，而忽视释迦在人世间修行的历程。施无畏印和与愿印，蕴涵了大乘佛教倡导的利他的精神，以施无畏印消除众生的不安，给予无所畏惧的力量；以与愿印福祐生灵，满足众生的愿望和要求。可见慈悲在大乘佛教即为释迦的中心精神。这一倡导也反映了民众接受佛教，理解佛教的基本心态，人们对佛教的信仰、认识，仍是偏重于以简易的方法祈求救济，即利益现世的一面。

1-4-10　托宝珠释迦说法图 ▶
释迦佛结跏趺坐于八角宝座上说法，左手托火焰宝珠，右手作说法印。胁侍二菩萨、二弟子。描绘精细，以纤细有力的铁线勾勒人物面容肌肤，以劲挺的兰叶描折芦描绘衣冠服饰，用笔畅达，如行云流水。
沙州回鹘　西千佛洞16窟　东壁

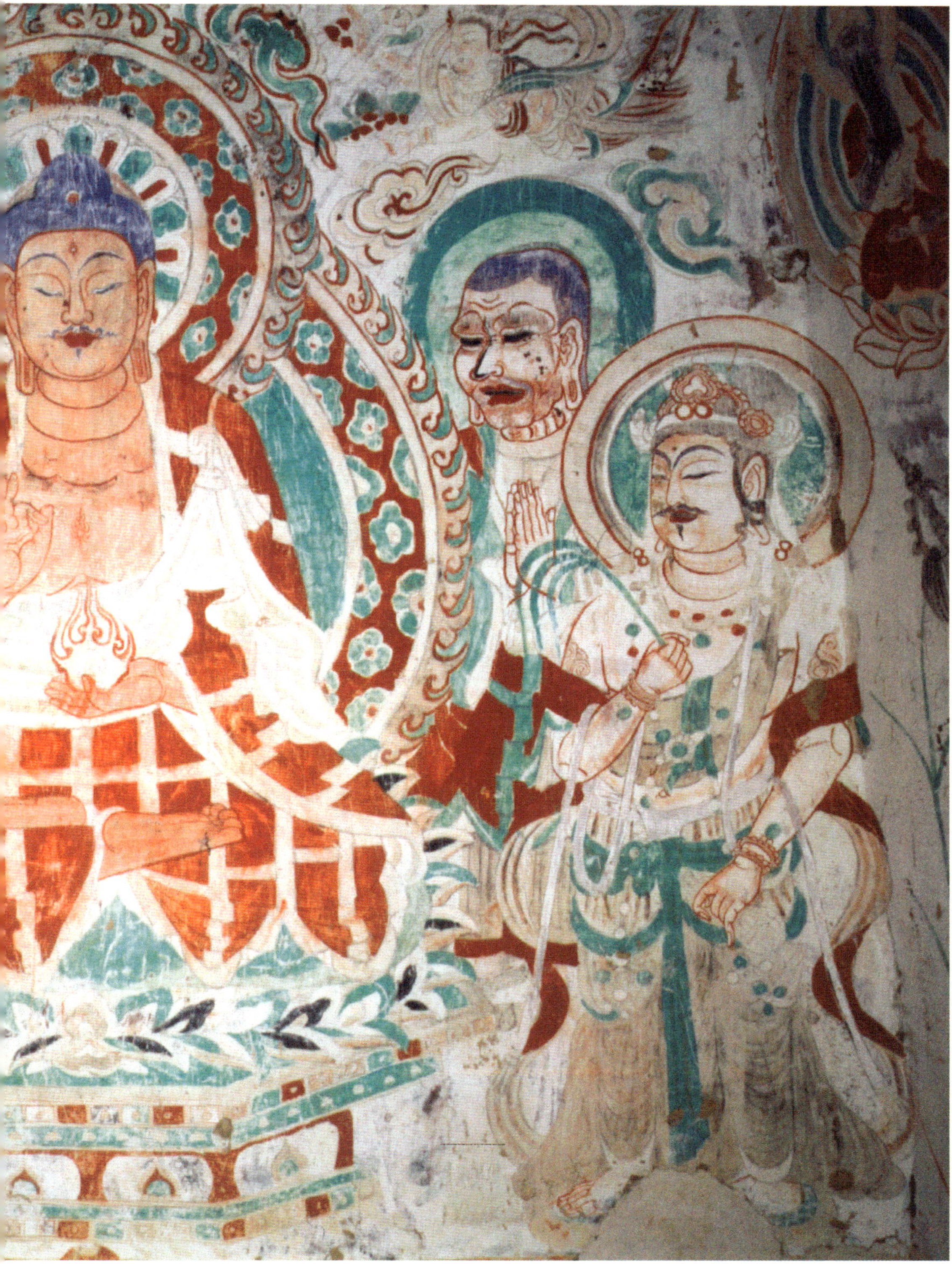

敦煌石窟历代释迦说法图简表

时代		说法图组合	幅数	
北朝		一佛二菩萨说法图	22	
		一佛二菩萨四弟子说法图	2	
		一佛二菩萨八弟子说法图	1	
		一佛四菩萨说法图	6	
		一佛六菩萨说法图	1	
		一佛八菩萨说法图	2	
		一佛多菩萨说法图	5	
		一佛一弟子一天王说法图	2	
		一佛四弟子说法图	1	
隋		一佛二菩萨说法图	86	
		一佛二菩萨二弟子说法图	53	
		一佛二菩萨四弟子说法图	2	
		一佛二菩萨六弟子说法图	2	
		一佛二菩萨八弟子说法图	1	
		一佛二菩萨十弟子说法图	2	
		一佛四菩萨说法图	6	
		一佛四菩萨四弟子说法图	3	
		一佛六菩萨二弟子说法图	2	
		一佛六菩萨十弟子说法图	1	
唐前期		一佛二菩萨说法图	23	
		一佛二菩萨二弟子说法图	25	
		一佛二菩萨二弟子二力士说法图	1	
		一佛四菩萨说法图	6	
		一佛四菩萨二弟子说法图	5	
		一佛四菩萨二力士说法图	1	
		一佛六菩萨二弟子说法图	1	
		一佛八菩萨二弟子说法图	1	
唐后期		一佛结跏趺坐说法图	88	
		一佛二菩萨说法	44	
		一佛二菩萨二弟子说法图	16	
		立姿释迦佛说法像	36	
		趺坐释迦佛说法像	74	

五代、宋		一佛二菩萨说法图	42
		一佛二菩萨二弟子说法图	22
		一佛二菩萨二弟子二天王说法图	5
		一佛四菩萨二弟子二天王说法图	2
		一佛二弟子说法图	2
		通壁说法图	4
回鹘~西夏、元		一佛六菩萨二弟子说法图	7
		一佛二菩萨说法图	16
		一佛二菩萨二弟子说法图	28
		一佛四菩萨说菩萨说法图	2
		一佛四菩萨二弟子说法图	2

知识库

★结跏趺坐

释迦牟尼的坐法。据慧琳《一切经音义》卷八载有两种坐法：一种是两足交叉于左右股上，叫全跏坐，俗称双盘。若先以右足押左股，后以左足押右股，手亦左在上，称为降魔坐；若先以左足押右股，后以右足押左股，两足掌仰于二股之上，手亦右押左，称为吉祥坐。另一种是单以左足押在右股之上，或单以右足押在左股之上，叫半跏坐，俗称单盘，密宗称此为吉祥坐。《大智度论》卷七认为"结跏趺坐最安稳，不疲极，此是坐禅人坐法"。

5 · 阿弥陀佛构建的西方极乐世界什么样？

在佛教诸佛陀中，世人所耳熟能详且信仰最多的是净土宗的西方极乐世界教主阿弥陀佛，只要提及净土，人们自然想到的是阿弥陀佛的西方净土。

阿弥陀佛（梵文 Amia-buddha），简略称弥陀，意译为"无量"，另有阿弥陀（梵文 Amitayus），意译为"无量寿"。关于阿弥陀佛名号的由来，据后秦名僧鸠摩罗什译《阿弥陀经》★说，此佛光明无量、寿命无量，故称阿弥陀。而称无量寿，则是依其名之原意所立。西方极乐世界的教主阿弥陀佛，及其左胁侍菩萨观世音、右胁侍菩萨大势至，合称"西方三圣"。

阿弥陀佛的成道本缘，从《观无量寿经》可知，阿弥陀佛与释迦佛同是出生于古印度王族的太子，其后因受世间自在佛的感化而舍王位出家，终成法藏比丘，且历五劫之长的思惟，而成就四十八大愿，后不断积累功德，愿行圆满，得道成佛为阿弥陀。他所建立的极乐净土在我们居住的娑婆世界之外十万亿佛土的西方，所以称为西方极乐世界。西方净土世界国土，有四宝周迎围绕，内有七宝池，池中充满十八功德水，池底纯以金沙布成，池的周围有金银琉璃等砌成的阶梯，地下布满黄金，周围遍植七宝树，奇禽异鸟，作美妙音声，每到一定时刻，天上飘落无数曼陀罗花……其国中为最上快乐幸福，吃喝穿戴随意念即至等等。

《观无量寿经》中对西方极乐净土殊

胜美妙的描写，在诸佛的十方世界中，还
有哪个世界比得上这般美妙的乐土？而且这
个净土世界向众生敞开着大门，无论何
人，凡是听闻或持念阿弥陀佛名号而起信
仰，并发誓投生来净土的，都能接引到极

1-5-1 净土庄严相 ▲

观无量寿经变中描绘的西方极乐世界，殿宇宏伟，
楼阁高耸，七宝池上露台华丽。西方三圣阿弥陀佛、
观世音、大势至菩萨，在眷属簇拥下，尽享歌舞升
平的世界。

盛唐 莫高窟172窟 南壁

1-5-2 欲害其母

绘于观无量寿经变中的未生怨故事，太子站在宫殿
檐下，提剑欲杀其母韦提希夫人，夫人站在庭院中，
面对亲生儿子的罪恶现世，深感绝望，想脱离现世。
盛唐 莫高窟45窟 北壁

1-5-3 七宝池

观无量寿经变中，装饰华丽的露台上，天国伎乐且
歌且舞，孔雀舒翅，伽陵频迦吹奏，七宝池中莲花
盛开，小岛上天鹅欲舞，展现出西方净土的美妙世
界。
中唐 莫高窟360窟 南壁

乐世界来。"未生怨"中，韦提希夫人面
对亲生儿子欲杀父母的罪恶现世，深感绝
望，想脱离现世是她的愿望，通过"十六观
想★"，她的愿望和欲求获得满足，在她
眼前显现的是光辉灿烂的极乐净土，于是对
现世的绝望变成对来世的希望。这对于世人
来说，何尝不是如此？在处于绝望和不安的
时刻，在以佛力为主导的精神世界里，却充
满幻想，阿弥陀佛净土的真实性无疑得到民
众的认同。有生必有死，药师佛的灵丹妙药
终不能免去最后的死亡，阿弥陀佛的出现，
使人们由对死亡产生的不安从而获得慰藉，
并由绝望转向对来世的憧憬。阿弥陀佛一时
成为了中国民众精神信仰上的主要崇拜对
象，而且长盛不衰。

中国自北魏以来盛行阿弥陀佛信仰，

因而阿弥陀佛造像也极隆盛。隋唐之际，在"定慧双弘"佛教的影响下，敦煌佛教艺术发生了较大的转变，以前常见的题材，如本生、因缘、佛传等叙事性绘画和与坐禅观像有关的尊像画，逐渐向净土题材转变，在这一重要的转变中，阿弥陀佛净土思想的成立起了推波逐澜的作用。

1-5-4　阿弥陀佛说法图　▲

阿弥陀佛结跏趺坐须弥座上，手作来迎印。两侧莲台上观音菩萨手持净水瓶，大势至菩萨手持莲花。佛座前设供器，下有莲池，上有宝盖，身后茂林修竹。外饰六角龟背纹边框，富有装饰效果。

盛唐　莫高窟444窟　南壁

知识库

★《阿弥陀经》

亦称《小无量寿经》。为净土三部经之一。后秦鸠摩罗什译。一卷。称西方阿弥陀极乐净土的众生"无有众苦，但受诸乐"，只要一心称念阿弥陀佛的名号，死后就可往生该处。因法门简便，在佛教中有很大影响。

★十六观想

"十六观想"是净土宗重要的修行方法。内容为：一、日想，名为初观；二、水想，冰想，琉璃想；三、地想；四、树想；五、八功德水想；六、总观想（即宝楼观）；七、华座想；八、像想；九、遍观一切色身相（观无量寿佛身相光明）；十、观观世音菩萨真实色身相；十一、观大势至菩萨色身相；十二、普观想（见无量寿佛极乐世界）；十三、杂想观（一丈六像在池水上）；十四、上辈观，又作上品生观、上辈生想；十五、中辈观，又作中品生观、中辈生想；十六、下辈观，又作下品生观、下辈生想。前十三观是按经文列出的名目。习惯上我们称之为"日想观"、"水想观"、"地想观"……后三观，为"三辈生观"。往生净土者依其因，而有上中下三辈，三辈复分上中下三品，总为九品。"三辈开而为九，九品合而为三"，故又称为九品往生。

6·为什么阿弥陀佛在中国深入人心？

　　敦煌尊像画中的阿弥陀佛，发端于北朝，隋唐时期伴随着阿弥陀经变画的大量绘制而流行。在阿弥陀经变画和尊像画中，阿弥陀佛的印相多是上品中生印和上品下生印。到了晚期，还流行阿弥陀佛接引像，这种像又称为"来迎像"，这是阿弥陀佛迎接众生往生西方极乐世界的简化形式，其印相的特征是由释迦佛的施无畏印和与愿印变化而来的。

　　在西魏大统四、五年（公元538、539年）开凿的285窟有两幅说法图，构图相同，从榜题可知主尊佛像为无量寿佛，胁侍四菩萨、四弟子，菩萨为观音、大势至、文殊、无尽意，弟子是释迦佛十大弟

1-6-1　榜题无量寿佛说法图　▼

无量寿佛著对襟大袍，结跏趺坐，施无畏印和与愿印，目光下视，面含微笑，题名"无量寿佛"，左右胁侍菩萨四身，题名分别是无尽意、文殊、观音、大势至等菩萨，其上弟子四身，持鲜花供养，题名分别是阿难、迦叶、舍利弗、目连。人物造型全然南朝秀骨清像的风格。这是敦煌已知最早的一幅无量寿佛说法图。

西魏　莫高窟285窟　东壁

1-6-2 金身阿弥陀佛说法图 ▲
阿弥陀佛结跏趺坐在莲花座上，胁侍二菩萨和十弟
子。右胁侍菩萨持净水瓶，左胁侍菩萨托莲花，弟
子们合掌、持香炉等，表情丰富生动。佛及佛具、菩
萨饰物均描金，刻画细腻，色彩丰富。
隋　莫高窟420窟　东壁

子中的迦叶、阿难、舍利弗、目犍连。衣冠服饰为褒衣博带，人物造型全然是南朝秀骨清像的风格。在整个北朝时期，可以确知的阿弥陀说法图仅此两幅。

　　佛教净土思想在隋代更加普及和深入发展，阿弥陀说法图在敦煌日益增多，常见的形式是一佛二菩萨二弟子的组合，由于隋代阿弥陀说法图中标识特征尚不明显，主尊的造型与释迦像大致相同，难以区分，只能从胁侍菩萨手中的持物上来判别，对比同时期的阿弥陀经变画等，可以确知阿弥陀胁侍菩萨观音和大势至的持物特征是提净瓶、持莲花，由此来推断说法图中主尊的身份。

　　唐前期的阿弥陀佛说法图的判定，不仅依靠胁侍菩萨的身份，而且图中出现简约的水池莲花、化生等，这些特征是唐前期西方净土经变、观无量寿经变中常见的场景。结合阿弥陀佛说法印契等综合因素，可以判断唐前期的阿弥陀说法图主要组合形式有一佛二菩萨二弟子、一佛四菩萨二弟子，大部分绘于初唐。盛唐以来，随着阿弥陀佛系统的各类经变画的蓬勃发

1-6-3 设熏炉阿弥陀佛说法图　▲

阿弥陀佛结跏趺坐，身着绿色僧祇支，外披通肩田相袈裟。座下设熏炉，左右双狮守望。观音、大势至菩萨侍立两侧，弟子及圣众排列身后，金刚力士护卫于前，飞天翱翔于彩云中。构图紧凑，人物众多，描绘精致，设色富丽。

初唐　莫高窟57窟　南壁

展，作为简约构图的阿弥陀佛尊像画几乎绝迹，或者也可以说作为尊像式的阿弥陀说法图，在构图上增加了许多新的因素，由说法图式演进为经变画。

五代、宋时期，出现了一种简化的阿弥陀佛接引像，绘于中心佛坛窟的背景后

1-6-4 宝池莲座阿弥陀佛说法图 ▲
阿陀佛坐宝池莲台上说法，菩萨弟子足踏莲花，宝池微起涟漪。观音和大势至菩萨，金冠黑发，项圈臂钏手镯戒指等皆以金饰。弟子足下穿靴，虔诚立于佛陀左右。菩提树青翠繁茂，飞天起舞散花。
初唐 莫高窟57窟 北壁

1-6-5 宝池莲台阿弥陀佛说法图 ▲
阿弥陀佛立于水池莲花上说法，年长弟子，老成持重，年少弟子英俊，憨态可鞠。胁侍观音、大势至菩萨，丰满端庄，神情怡悦，平凡可亲，颇具世俗气息。人物及莲花用赭石勾线，运笔极均匀，其他未勾。
盛唐 莫高窟205窟 南壁

面，佛像巨大，右袒袈裟，左手持袈裟一角当胸结印，右手掌心向外下垂作接引状，有的在佛右手下方绘有供养人礼拜像。到了沙州回鹘、西夏、元时期，由于洞窟型制的变化，原绘于背屏后的巨大阿弥陀接引像，转移在洞窟的甬道顶部。

尊像画中的弥陀佛说法图和说法像，与释迦佛相比，虽然数量较少，但反映在信仰上，则是最强盛的。自隋代以来，人们致力于阿弥陀佛系统经变画的创作，在图像中竭力渲染西方极乐净土的殊胜美妙和

繁华富丽，在敦煌壁画中，反映阿弥陀经变与观无量寿经变内容的即达200余铺，位居各类经变画之首，就是最好的证明。

敦煌壁画中表现阿弥陀佛西方净土题材的大量出现，一方面反映了人们憧憬这虚幻中的极乐世界，寄希望于来世往生彼土，同时也折射出人们对美的崇拜和追求。尊像中的阿弥陀佛的形象与诸佛毫无迥异之处，只能通过印相来区别。阿弥陀佛的印相，在诸佛中可算种类最多且具特色，其印相是通过双手的不同的手指相捻，分为

1-6-6　双树阿弥陀佛说法图 ▲
阿弥陀佛于双树下跏趺坐，观音菩萨头戴化佛冠，大势至菩萨头戴宝瓶冠，二弟子侍立。佛陀法像庄严，弟子忠诚憨厚，菩萨束高髻，斜披天衣，罗裙透体，腰缠锦绫，仪态沉静含蓄。
初盛唐　莫高窟329窟　东壁

上品上生、上品中生、上品下生、中品上生、中品中生、中品下生、下品上生、下品中生、下品下生等九品印相。九品往生印相所体现的往生程度和时间是有很大差别的，最好的当然是上品上生印，佛经说，得到这样的印相在往生西方极乐世界时，阿弥陀佛会率领全体圣众前来迎接，是最高的礼遇。而愈往下的，迎接的规格和待遇愈低，往生的时间愈长。恶逆到下品下生的人往生，阿弥陀佛只派遣像日轮一般的莲花来迎接，还须经过十二劫以后才能达到目的，时间是那样地遥遥无期。敦煌尊像画中的阿弥陀佛的印相特征，反映了人们信仰阿弥陀佛往生净土的愿望是何等的强烈！最终把阿弥陀佛的印相简化成"来迎印"，阿弥陀佛变成了"来迎佛"，手续更加简便而服务更加周到。世人只要诵念佛号，阿弥陀佛便即刻来迎，这种像的出现，虽不无世人自私的自我安慰的意味，但也反映了人们对未来的憧憬与期盼。

敦煌石窟历代阿弥陀佛说法图简表

时代	说法图组合	幅数
唐前期	一佛二菩萨说法图	3
	一佛二菩萨二弟子说法图	7
	一佛四菩萨二弟子说法图	4
	一佛十菩萨二弟子二金刚力士说法图	1
五代、宋	阿弥陀佛接引像	5
回鹘、西夏、元	阿弥陀接引像	4

1－6－7　无量寿经变　　▲

此时的无量寿经变已经没有水池，楼阁、人物全在
莲花上，这在《无量寿经》的另一译本上有明确说
明。与佛的圆光等齐，并列画了 4 个化生童子。
宋　榆林窟 13 窟　北壁

7·信仰药师佛是为了利益现世吗？

药师佛（梵文 Bhaisajyaguru），又作药师如来、药师琉璃光如来、大医王佛等，为东方净琉璃世界的教主。药师佛的胁侍菩萨，左为日光菩萨，右为月光菩萨，合称为"东方三圣"。

据《佛说药师如来本愿经》中说，药师佛在行菩萨道时，曾发下十二大愿，令众生所求皆得，救众生之病源，治无明之痼疾，拔除众生一切痛苦的烦恼。若有净信药师如来者，只要造立佛像，念诵药师如来本愿功德赞，诵此经，思维其义，一切皆能随其所愿，求长寿得长寿，求富贵

1-7-2　念经治病　▲

图中绘瘦弱的病人在家人的扶护下，合十听经，前方一信士胡跪于毡毯上，双手捧经文诵经。宣扬病人诵经治病。

盛唐　莫高窟103窟　南壁

得富贵；上妙饮食，饱食其身；贫无衣服，皆令满足。若有病人欲脱病苦，或身患重病，死衰相现之时，只要家人受持斋戒，尽心供养药师佛，读诵药师经四十九遍，以及燃灯、悬五色彩幡等，即能康复或得以苏生续命。

与"随其所愿"的十二大愿相对应的是"九横死"。所谓九横死，即九种非正

1-7-1　燃灯供佛　▲

在药师经变中，绘二菩萨燃灯供养，一菩萨站在三层灯轮前，向上放置油盏；另一菩萨蹲在地上，正在点灯，形象生动，富有情趣。

初唐　莫高窟220窟　北壁

常死亡，若是信仰供奉药师佛，亦可免除。诸药师经中对"九横死"记载稍有不同，其大意是：一横病无医死，二横王法诛戮死，三横为非人夺其精气死，四横火焚死，五横水溺死，六横为恶兽吞食死，七横为坠崖死，八横中毒死，九横饥渴死。

敦煌尊像画中，如果从诸佛绘制的数量上看，除千佛外，单体像最多的是东方净琉璃世界的教主药师琉璃如来，即常说的药师佛。任何宗教，必有其利益观世的一面，否则就难以引来大众的信仰。佛教之所以在东方大地上愈演愈热，就在于其理论越来越世俗化，越来越利益现世，他能赐给虔诚的信者以无限的福惠，可以给你财宝福德，可以为你解除病魔苦难，甚至还可以保祐你身身世世永无烦恼。诸佛中，能赐给你克服病魔力量的即是药师佛。

1—7—4　药师佛　▲
药师佛形体高大匀称，脸长而丰满，眉清目秀，左手托药体于腹前，右手执八环锡杖斜靠肩上，脚踏大莲花。造型具有明显的沙州回鹘时期的艺术特征。
沙州回鹘　莫高301窟　西龛外北侧

1—7—3　九横死　◄
绘一人在火中挣扎，表现第四横死——火横；又绘一人在水中呼救，表现第五横死——水横。以此说明药师信仰可以救人于水深火热之中。
宋　莫高窟55窟　北壁

8·药师佛造像如何表现济世救人？

在佛陀造像中，立像与坐像有着重要的区别。《药师经》中虽劝人造立药师佛像供养，但对其形象并未具体规定。敦煌尊像画中的药师佛像，除少数在说法图式中为结跏趺坐外，大量的药师三尊像和独尊像为立姿说法像，基本特征是左手托钵，内盛药丸，右手持锡杖或施无畏印。从药师佛手执的法器上看，明显地表现出施药救济众生诸病苦，除九横死厄难、施予战胜病魔无畏的精神力量。药师佛的立姿像，表现出步行前来救济世人的姿态，这样比坐像更能使人有接近佛的亲切感，更能体现药师佛利益现世众生的主题。

敦煌尊像画中的药师佛像，最早出现在隋代，结跏趺坐姿和立姿各一。主尊药师佛左手托钵于胸，右手施无畏印，旁悬五色彩幡，胁侍日光、月光菩萨。

唐前期的药师佛像，独尊说法图多绘

1-8-1 莲花座药师佛说法图 ▼
药师佛结跏趺坐说法，华盖上悬长幡，身着大红袈裟，右手结说法印，左手托红色药钵于胸前。侍立四菩萨，头部微倾，腰肢轻摆，姿态妩媚。
隋 莫高窟305窟 西壁

于西龛内盝顶四披上，药师佛立于莲花上，右手托钵，内盛药丸，左手持锡杖，少数为左手结施无畏印。三尊说法图表现药师佛与日光、月光菩萨三尊说法像，均为立姿像。此外，另有一幅胁侍菩萨为观音和地藏菩萨，这一独特的三尊组合，在尊像画中仅此一例。七佛药师说法像也仅一幅，七尊药师佛像分上下两排，皆右手施无畏印，左手托药钵。两侧胁侍菩萨。这七尊药师佛的组合，是依据《佛说药师如来本愿经》中所说"应造七躯彼如来像"而绘制的。

唐后期的药师佛像，多绘于西壁龛内盝顶四坡和甬道盝顶披上，多为尊像式立姿说法像，左手托药钵，右手持锡杖或结施无畏印等，每窟内数量不等。

五代、宋时期的药师佛像，有独尊式和说法图式两种。独尊式的药师佛立姿说法像仍绘于龛顶四披或甬道披上。说法图式多补绘于前代洞窟甬道顶上，药师佛结跏趺坐说法，胁侍日光、月光菩萨和药师十二神将，组成说法场景。

沙州回鹘时的药师佛像，多绘于西壁龛外两侧壁上，有尊像式和药师三尊像。西夏时亦绘有尊像式和药师三尊像。

佛教为了度众的方便而出现种种利益现世的佛陀，感召大众的信仰。所谓利益现世，是指将现实的利益惠赐予信仰者，而利益的内容则是各种各样的，从消灾救难到财宝

1-8-2 药师佛　▲

药师佛面相庄严慈善，垂目视人，后有莲花头光，着通肩袈裟，左手托绿色琉璃药钵，右手拈杖。线描精细准确，晕染润泽。

初唐　莫高窟220窟　北壁

福德等等。敦煌石窟中绘制药师佛像，以唐代最盛，在一个洞窟不厌其烦地连篇绘制，反映出人们对药师佛信仰供奉的热情。在佛教中，如果说能对将亡者赐予安心感的是阿弥陀佛，那么能赐予人克服病魔力量的，则非药师佛莫属。据称，他赐予的不仅是消除肉体的病魔，而且还能医治世人的心病，即"无明之痼疾"，以及免除九横死厄难，正因为有如此之说，药师佛曾得到了广大民众的信仰。

1-8-4 药师、观音、地藏三尊 ▶
药师佛居中，右手持九环锡杖，左手托药钵。观音菩萨手持净瓶、杨枝，地藏菩萨为声闻形，三尊皆立于莲台上。如此构成的药师三尊像，反映了信仰上的新组合，敦煌壁画中仅此一例。
盛唐　莫高窟205窟　南壁

1-8-3 药师三尊 ◀
药师佛着通肩袈裟，右手执六环锡杖，左手托绞胎药钵，立于莲花上。胁侍日光和月光菩萨，亭亭玉立，手执莲花或作印契，璎珞严饰其身。人物画法仍然保留着凹凸法的余韵。
初唐　莫高窟322窟　东壁

敦煌石窟历代药师佛像简表

朝代	形式	幅数
隋	药师佛像	2
唐前期	药师佛说法图	128
	三尊像	3
	七佛药师说法像	1
唐后期	药师佛像	280
五代、宋	药师佛说法图 立姿药师佛说法像	900
回鹘	药师佛像	18
	三尊像	10
西夏	药师佛像	3
	三尊像	2

1—8—5 药师佛

药师佛侧身立于宝莲上，身着田相袈
裟，右手握持锡杖靠于肩上，左手托
绞胎药钵，内盛药丸，神情庄严沉静，
法相慈和。

中唐　榆林窟25窟　主室东壁

1—8—6 榜题药师佛说法图 ▲
药师佛手托绞胎药钵，胁侍二弟子、二菩萨，立于
莲花台上。华盖两侧飞天翱翔。东侧榜题为"大悲
救苦观世音菩萨　敬国清信佛弟子　敬国清一心供
养"。西侧榜题为"南无药师琉璃光佛　观自在菩
萨眷属圣□□普二为先亡父母"。
中唐　莫高窟220窟　甬道南龛内

9·人们为什么企盼弥勒菩萨成佛？

在佛教中释迦牟尼佛是现在佛，释迦涅槃后，继承释迦为佛陀的是未来佛弥勒。

弥勒（梵文Maitreya），译意为"慈氏"，即慈爱中诞生之意。据《弥勒上生经》和《弥勒下生经》所说，弥勒出生于婆罗门家庭，后为佛弟子，先佛入灭，往生兜率天住内院，以菩萨身为天人说法，又自为修行，等待将来成佛。释尊曾预言授记，兜率天宫的弥勒菩萨在遥远的未

来降生于阎浮提为婆罗门子，在龙华树 ★ 下成佛，继释迦牟尼佛之后成道而为弥勒佛

1—9—1 龙华树弥勒菩萨说法图
弥勒菩萨善跏坐说法像，菩萨胁侍左右。上有华盖，身后两株龙华树，表明弥勒下世成佛。此图与窟内北壁的迦叶佛说法图和西壁龛内主尊释迦佛塑像，组成绘塑结合的过去、现在、未来三世佛题材。
隋 莫高窟404窟 南壁

兜率天宫为弥勒菩萨住所，中间是一大院，左右有两小院，小院又分两进。院中宝树成荫，宝石铺地，门前有榜题"兜率天宫"。

盛唐　莫高窟148窟　　南壁

或弥勒如来。

　　弥勒菩萨居住的兜率天是欲界六天的第四天界。有关兜率天的景象在《弥勒上生经》中有详细的描叙，宝殿、园林、珠宝、天女等无所不有。摩尼光回旋空中，化作四十九重微妙宝宫，一昼夜相当人间四百年，居于此处的天人，享受欲乐，寿命四千岁，身材高大。兜率天分为内外两院，外院属欲界天，为天众之所居，内院乃即将成佛的补处菩萨之居处，当年释迦曾在此修行，释迦的母亲摩耶夫人生释迦七日后逝世，亦往生此处。现在弥勒以补处菩萨和释迦继承人身份在此居住，宣说佛说，自为修行，等待将来成佛。弥勒居住的兜率内院，又被称为弥勒净土。这里殊胜美妙，向一切众生敞开大门，只要按照规定方法修行，死后即可往生于此，免

除轮回永不退转，若待到弥勒降生成佛时，也可随同前往人间受法，最后获得解脱。

关于弥勒菩萨降生时间，据说，释迦预言在弥勒在兜率天居满4千岁，合人间56亿7千万年以后，下降人间托生于翅头末城中的婆罗门修梵摩和梵摩拔提以为父母，后出家修道，于龙华菩提树下成佛。此时的世间其地平净如镜，到处是奇景异色，金银珠宝，人民无水火刀兵饥馑毒害之苦，雨泽随时，稼禾滋茂，食物入口消化，百味俱足，一种七收，树上生衣，各取所需，人寿四万八千岁，女子五百岁乃

1-9-3　一种七收　▼
描绘农夫冒着细雨在田间耕作，午间，一家人在地头吃饭。表现经历了风风雨雨，到了秋天，将大获丰收。比喻人生的艰辛与付出，必然获得美好的结果。
盛唐　莫高窟23窟　北壁

行出嫁等等。弥勒成佛时，那些未受到释迦佛教示得救的人将全部得以解救。既然有如此之说，那么弥勒无论是兜率天的菩萨，还是下生成佛，就都可以吸引世俗人们的目光，受到世人的信仰了。一方面人们希望身后往生弥勒净土，值遇弥勒；另一方面人们又急切地期盼弥勒早日成佛，以便享受弥勒世界的无上美妙。不同时代的人们所畅想的未来世界的美景，敦煌壁画一一留下影像。

1-9-4　五百岁结婚　　▲

新郎和新娘身穿帝后服饰，站在毡毯上，向坐在帐篷里的长辈、亲朋行礼，一旁设有青庐，即是新房。表现了唐代河西地区的婚俗。佛经用五百年乃行嫁比喻青春永驻。

盛唐　莫高窟116窟　　北壁

知 识 库

★龙华树

又称那伽树、龙华菩提树。产于印度、孟加拉、印度半岛东西两侧等地。其树干高大，似铁刀木，平滑而直立；叶呈长椭圆形，厚且具有光滑，先端尖而下垂；花瓣有四，呈纯白色，具有香气；果实大如胡桃，呈橙色，内藏有种子。或谓其花枝如龙头，树枝如宝龙，子出龙宫，故名龙华树。据佛典所载，此树乃弥勒菩萨成道时之菩提树。

10 · 为什么说弥勒佛代表法统承传?

敦煌尊像画中的弥勒像,有在兜率天为天人说法的弥勒菩萨像和下生成佛的弥勒佛像两种。隋代流行弥勒菩萨像,唐前期流行弥勒佛像。在敦煌石窟中,弥勒造像常见的说法身姿有三种,即半跏思惟坐、交脚坐、善跏趺坐。前两种身姿主要表现在雕像上,壁画中较少见,而善跏趺坐,为隋唐以来的弥勒像的基本姿势,也成为弥勒像与其他菩萨、佛像最明显的区别点。

隋代的弥勒菩萨说法图中,弥勒菩萨头戴坐佛冠,善跏趺坐,手作说法印,周围胁侍菩萨、弟子等。弥勒冠上坐佛,是依据《弥勒下生经》中所载,弥勒菩萨"以严天冠,其天宝冠有百万亿色,一一色中有无量百千化佛"所绘制的,因无法表现全数,故以一尊坐佛来代表。

唐前期的弥勒佛说法图,以善跏趺坐的佛像代替了菩萨像。这一转变,从信仰的角度看,似乎是从兜率净土信仰,发展成为

1-10-1 弥勒菩萨说法图 ▼

莲池中央,弥勒菩萨交脚而坐,头戴宝冠,帔巾于腹前交叉。两旁胁侍菩萨的装束与弥勒相同,姿态潇洒,两侧飞天伎乐,弹奏乐器,为弥勒菩萨说法增添了欢快的气氛。

西魏 西千佛洞9窟 中心柱龛楣

1-10-2 化佛冠弥勒菩萨说法图 ▲
弥勒菩萨头戴化佛冠，善跏趺坐于须弥座上，足踏
莲花，手结说法印。观音菩萨手提净瓶，大势至菩
萨手中持莲花，上有飞天起舞散花。头戴化佛冠的
弥勒图像，在壁画中不多见。
隋 莫高窟390窟 北壁

1-10-3 背屏座弥勒说法图 ▲
弥勒菩萨善跏趺坐须弥宝座上说法。佛座背屏形式
传自印度，饰有象、狮、童子等。两侧菩萨、弟子
侍立，华盖垂挂璎珞，飞天散花供养。图中尚可见
起稿线。
隋 莫高窟405窟 北壁

弥勒下生成佛信仰，同时也与武周（唐武则天）时期弥勒下生成佛的信仰热潮有关。这一时期的弥勒佛说法图，多绘于洞窟正壁佛龛顶部。说法图中，围坐着众多的供养菩萨和弟子，构成一个说法场景。这些说法图的构成与经变中央部分的说法场景大致相同，如果在其四周绘上有关弥勒世界的故事内容和景象，它就成为弥勒经变了。

由于唐前期中国与各国往来频繁，新的弥勒菩萨图像也传至中国，在唐代莫高窟323窟壁画中有一尊头戴佛塔宝冠的弥勒菩萨像。这种弥勒菩萨像是印度笈多王朝（公元320～600年）末期开始出现的，公元8、9世纪已成为印度和东南亚佛教美术中辩识弥勒菩萨像的重要标识。弥勒菩萨与佛塔的关系，有学者解释为弥勒冠中的佛塔是代表迦叶的窣堵波★。表示此时迦叶静待弥勒成佛，以便传付释迦之僧衣。以此表现弥勒

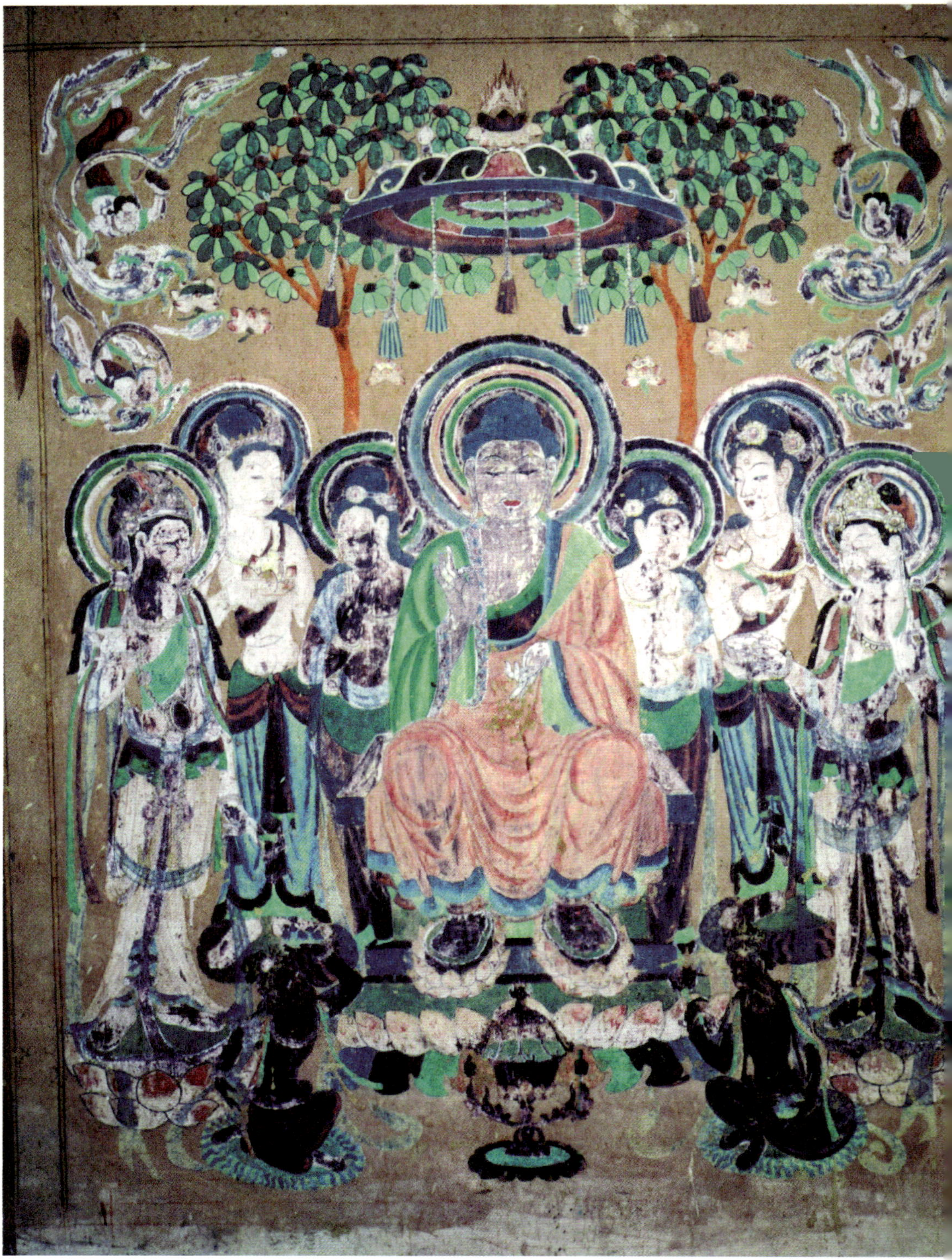

继承释迦法统，说法度众的特质。这一故事情节，在唐代的弥勒经变中也有绘制。

　　敦煌尊像画中的弥勒菩萨像和弥勒佛像，其特征就是善跏趺坐，加上雕像中的交脚式和半跏思惟式，为三种身姿。交脚式塑像，在公元1世纪印度贵霜时代的菩萨像和转轮王造像已出现，用于弥勒像，表现为在兜率天宫内院为天人说法的姿态。半跏思惟式塑像，顾名思义，即表现沉思

1-10-5　彩云弥勒说法图　▲
蓝天中彩云环绕，弥勒佛善跏坐说法，众菩萨恭敬虔诚地聆听说法。这些菩萨，宝冠黑发素面，面容慈和，姿态各异。后有菩提树和芭蕉掩映，气氛安宁静谧。
初唐　莫高窟334窟　西壁龛顶

的姿态，右手支颐，半跏坐，表现安详的姿态，也即是表现弥勒在兜率天上构思下生成佛后未来的理想世界，以及如何救济众生等。善跏趺坐式如何与弥勒相联系，还不甚明了，但可以理解为弥勒菩萨迎接世人往生兜率净土，和弥勒下生成佛所特有的标识。

1-10-4　红袈裟弥勒说法图　◀
弥勒佛手结说法印，善跏坐，足踏莲花，两侧菩萨拥立。菩萨面相修长而丰润，身姿秀美，似在窃窃私语，富于含蓄之美。线描圆润有力，衣纹加晕染，色彩淡雅朴实。
初唐　莫高窟322窟　南壁

1-10-6　天衣座弥勒说法图　▲

五彩卷云中，弥勒佛善跏坐说法，胁侍菩萨、弟子、听法圣众等，人物众多，场面宏大，色彩绚烂。弥勒宝座为方形靠背椅并有三角形锦褥装饰，这是隋唐时传自西域和印度的新的宝座式样。

盛唐　莫高窟328窟　西壁龛顶

知识库

★窣堵波

佛塔的音译，梵文stǔpa。亦译作"佛图"、"浮图"、"浮屠"。指用土、石聚集起来，以供奉和安置佛舍利、经文和各种法器的台子。最初的形式为圆冢，至阿育王时（公元前3世纪）始造覆钵式塔，由台基、半球形覆钵、平头（祭坛）、竿、伞五部分组成。中国古塔是印度窣堵婆与中国重楼式建筑结合的产物。

1-10-7　榜题弥勒说法图　▶

弥勒佛善跏坐于莲台上说法，胁侍二菩萨。莲座前有一汉族供养女双膝跪于左侧，两身西域女供养女胡跪于右侧。榜题"造弥勒佛并二菩萨一躯"。

中唐　莫高窟220窟　甬道南龛内

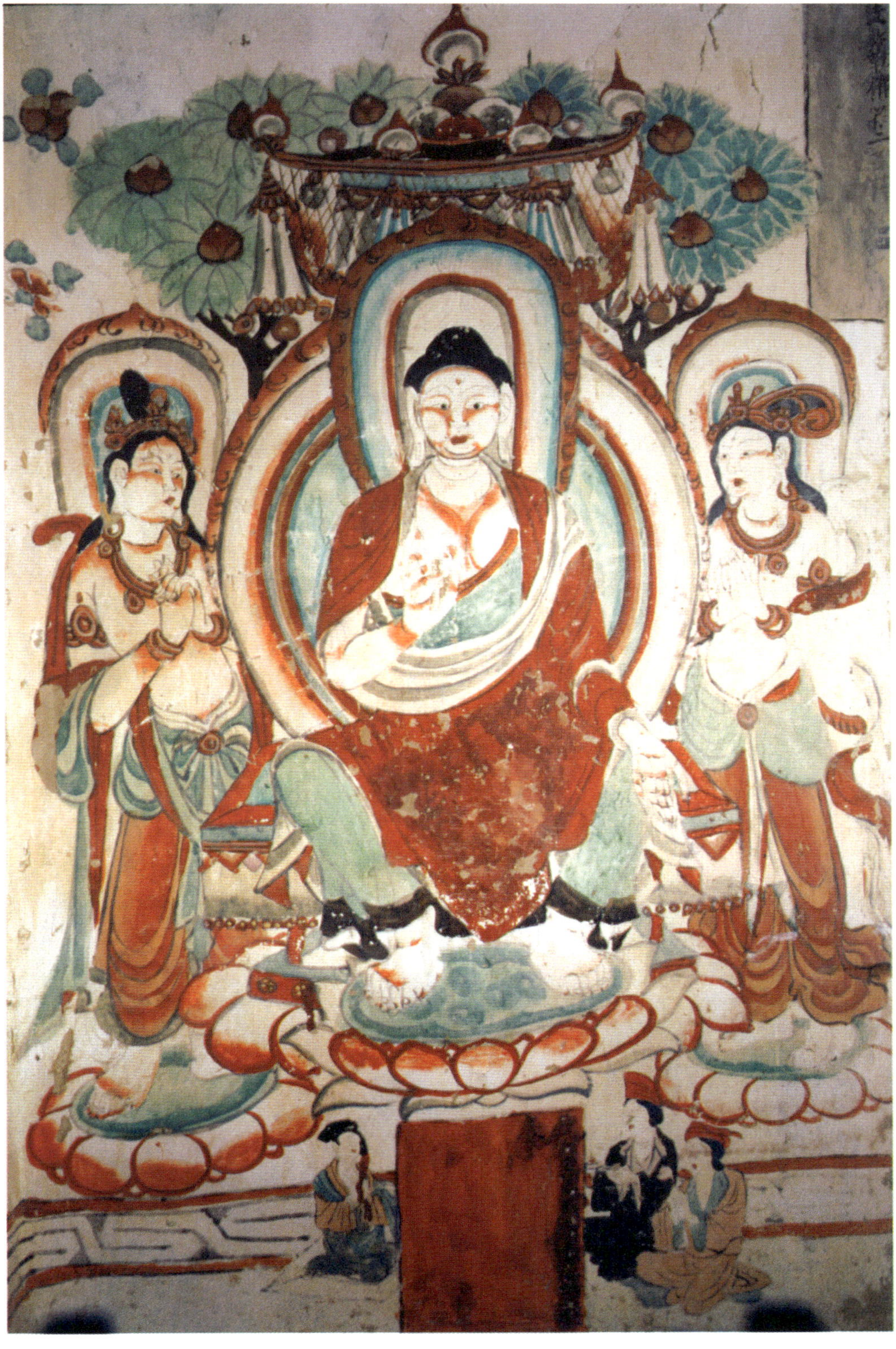

11·三世佛与十方诸佛如何体现了时空对比？

佛教讲究法统承传，在其发展过程中，为了证明其法统承传的可信性，创造了庞大的诸佛系统，这就是体现在时间上和空间上的三世与十方诸佛。

小乘佛教主张一世一佛，大乘佛教则认为空间充满诸佛。在时间上普现于三世，称之为三世诸佛。三世（梵文Trayo-dhvanah），又作三际。世，为迁流之意，为过去世（梵文Atitā dhvan）、现在世（梵文Pratyutpannā dhvā）、未来世（梵文Anā gatā dhvan）的总称。所谓三世，指一个人现在生存之现世，出生以前生存之前世及命终以后生存之来世。在空间上即为十方（梵文Dasadisah），是四方、四维、上下的总称，即东、西、南、北、东南、东北、西北、西南、上、下。佛教主张十方有无数世界及净土，称为十方净土、十方世界等，其中之诸佛则称为十方诸佛。这样就在时空上构筑起庞大的三世、十方诸佛系统，繁衍其源远流长的法统承传。

敦煌尊像画中的三世佛，则是指以现在

1-11-1 三佛说法图 ▼
过去、现在、未来三世佛，袒右肩着袈裟，右手施无畏印，左手执衣缘，立于莲花台上。中尊释迦佛上有菩提树和垂幔，左右二佛上悬华盖。胁侍菩萨，姿态妩媚，生动自然。
北魏 莫高窟263窟 南壁

佛释迦牟尼为中心，表现释迦之前的过去佛迦叶和释迦之后的继承者未来佛弥勒。

北魏时期绘有三佛立姿说法像，西魏绘有三佛结跏趺坐说法像。此三尊佛，虽无榜题，但仍可视为三世佛。

隋代的三世佛说法图，则是以绘塑组合的形式出现，即在洞窟北壁绘结跏趺坐佛说法图，南壁绘善跏趺坐菩萨说法图，可推断是迦叶佛和弥勒菩萨说法图，与西壁佛龛内释迦佛塑像一铺，共同组合表现三世佛的格局。

唐前期的三世佛像，承袭隋代以来的绘塑组合形式。除一幅主尊为弥勒菩萨外，其余全都是善跏趺坐的弥勒佛像，在这些说法图主尊像的两侧，都分别胁侍有

1-11-2　三佛说法图　▲

以未来佛弥勒为主尊，三佛并坐，中间胁侍菩萨作正面像，其余菩萨侧身向内。题记中记主尊是弥勒佛。此图是从西夏壁画下剥出，人物肤色及服饰的朱红、石绿极为鲜艳，是研究唐代壁画色彩的重要资料。

初唐　莫高窟220窟　东壁门上

数量不等的菩萨和弟子像，有的还出现了胁侍天王像。另外还有绘于洞窟东壁门上和窟顶披上的三世佛组合，图中迦叶佛和释迦佛结跏趺坐，弥勒佛为善跏趺坐。唐前期以后，壁画中再没有三世佛组合图像出现。

敦煌尊像画中的十方诸佛像，见于榜题、可确知为十方佛的图像出现在唐后期，其榜题为：东方不动佛、西方无量寿佛、南方宝相佛、北方天鼓音佛、上方广

1—11—3 十方佛说法图   ▲

十方佛结跏趺坐说法。榜题：南方日月灯明佛、西
南方元生自在佛、西方觉华光佛、西北方大神通王
佛、北方发功德佛、东北方空离垢□佛、上方琉璃
藏珠佛、下方同像空无佛、东南方□□□□佛、□
□方。

宋　莫高窟152窟　甬道北壁

众佛、下方宝行佛等。宋代有一铺绘于洞窟甬道西壁的十方佛，现存榜题有八方佛名，东方和东南方佛名泯灭。

沙州回鹘时期所绘十方佛，一幅残存榜题为：西方普光佛、南方网明佛、西南方上智佛、西北方华德佛、东北方明智佛、口方宝积佛等。另一铺榜题完整，表现的是《大宝积经·功德宝花敷菩萨会》中十方十佛。

敦煌尊像画中的三世和十方诸佛像，在时间和空间上构筑了庞大的诸佛体系，极大地丰富了敦煌尊像画中佛像的种类。将如此众多的佛像绘于石窟中，使这个佛国世界显得更中完整、壮大。

敦煌石窟绘有三世佛像的，北朝时期有2幅，隋代有4窟，唐前期有6窟，绘于东壁门上和窟顶披上的有3窟。

12 · 为什么敦煌石窟内千佛图像千年不衰？

从榜题可知，敦煌千佛像是根据《三千佛名经》和《观药王药上经》绘制的以三劫建立的三世三千佛。数量巨大，贯穿整个敦煌石窟，几乎每一窟内都有绘制。三劫即过去庄严劫（梵文 Vyūha-kalpa）、现在贤劫（梵文 Bhadra-kalpa）、未来星宿劫（梵文 Naksatra-kalpa），以"劫"（梵文 Kalpa）为时间计算单位，每劫长达亿万年。劫是以现在之一刹那为中心，及其前、后称为三世。

北朝时期的千佛图像，开始多绘于洞窟四壁，到北周时，渐由四壁向窟顶四披发展。北朝时的千佛造型特征为千佛结跏趺莲花座，禅定印，千佛头光、身光、服装的颜色以8身为一组，成组地循环排列，形成斜向的道道色带，表现千佛"佛佛相次，光光相接"的意境。

隋代的千佛像大量绘制，较之北朝更

1-12-1 三劫千佛 ▼
窟内四壁共绘有千佛1235身，大部分千佛有榜题，表现的是三劫三千佛，它们分别是过去庄严劫千佛；现在贤劫千佛，未来星宿劫千佛。这些千佛像的头光和身光等，四身一组交替变化，使整个画面有一种节奏感。千佛的鼻、眼睑用白色提亮，习惯上称"小字脸"。
北魏　莫高窟254窟　北壁

1-12-2　金面千佛　　　　　　　　　　　　▲
隋代的千佛形体较小，但数量繁多。身光相接，其
组合形式由北朝时常见的八身一组变为四身一组。
有的千佛面部还贴有金箔。
隋　莫高窟427窟　人字坡

1-12-3　托钵千佛　　　　　　　　　　　　▲
千佛结跏趺坐于莲花座上，左手托钵，右手施无畏
印或握拳。身光蓝、绿相间，排列成整齐的图案形
式，富于装饰效果。
盛唐　莫高窟79窟　窟顶

为突出，布满洞窟四壁和窟顶，数目庞大。

唐前期由于经变画的发展，逐渐占据洞窟四壁显要位置，千佛像多绘于窟顶四披，遂成定式。唐前期的千佛像，造型更加丰富多样，除继续流行结跏趺坐禅定相的千佛像外，根据其坐姿和印契的不同，出现了三种新的造型的千佛。其一为结跏趺坐姿，右手上举，左手抚膝；其二为结跏趺坐姿，双手结说法印；其三为善跏趺坐姿，右手上

举，左手抚膝。唐前期多种形姿的千佛像的出现，说明这时千佛的题材有了新的变化。特别是从善跏趺坐姿多表示未来佛身份这一特征来推测，在窟内共绘不同坐姿态的千佛像，可视其表现的是三世三千佛。而其它仍占唐前期千佛像主流的结跏趺坐禅定相千佛，在一窟内的数目大大超过千数，由此推测，表现的内容大体上也可视为是三世三千佛。

唐后期的千佛像，均绘于洞窟窟顶四

1-12-4 榜题千佛 ◀

千佛结跏趺坐，着通肩和右袒袈裟，手作说法印或禅定印，上有华盖，后有双树。头光和身光的图案装饰形式多样。部分榜题清晰可见。

晚唐 莫高窟196窟 窟顶

披上，中唐时的千佛像多承袭前期遗风。晚唐时，随着大型洞窟的开凿，千佛形体增大，印契有禅定印和说法印两种，交替出现。从现有的榜题看，表现的千佛则以现在贤劫千佛为主。

五代、宋时期的千佛像，形体较大，多承袭晚唐千佛像的特征，内容则全是现在贤劫千佛。沙州回鹘、西夏时期的大量绘制千佛，在西夏重修和妆銮洞窟时，有的洞窟全是千佛像，这种现象直至西夏结束。蒙古、元时期的洞窟则极少绘千佛。

1—12—5　榜题千佛　　　　　　　　　▲

千佛头生肉髻，均结跏趺坐莲花座，或结禅定印，或施无畏印，另一手托钵。上有华盖，后又双树。均有题名。袈裟式样与赋色相间循环，富有节奏感和装饰效果。

五代　榆林窟16窟　窟顶

敦煌之最

★莫高窟现存千佛题名最多的洞窟

千佛在敦煌石窟艺术题材中占有很大的比重和位置。莫高窟492个洞窟中，绝大多数洞窟内都绘有千佛，有的洞窟几乎全画千佛。原来大多数千佛身边都有榜题，书写千佛名称，现榜题字迹因年代久远都已漫漶不清，所存千佛题名的洞窟仅有几个。据考证，北魏254窟四壁共绘小千佛1235身，其中榜题保存完好，佛名清晰可认的有715身，是莫高窟现存千佛题名最多的洞窟。

1-12-6　千佛环绕的弥勒说法图　▲

初唐　莫高窟 322 窟　南壁

13·谁是过去七佛?

过去七佛是指释迦牟尼佛及其出世前所出现的六佛,单独表现过去七佛,是依据《长阿含经》和《增一阿含经》的经文绘制的。其名为:

毗婆尸佛(梵文Vipasyin)

尸弃佛(梵文Sikhin)

毗舍婆佛(梵文Visvabhū)

拘留孙佛(梵文Krakucchanda)

拘那含佛(梵文 Kanakamun)

迦叶佛(梵文Kasyapa)

释迦牟尼佛(梵文Sakyamuni)

在三世三千佛中,毗婆尸佛、尸弃佛、毗舍婆佛是过去庄严劫中最后三佛,拘留孙佛为现在贤劫的首位佛。

敦煌尊像画中的过去七佛像最早绘于西魏时,壁画上七佛一字横排,佛结跏趺坐须弥座和莲花座,着通肩袈裟,作说法印,两侧胁侍菩萨。

隋代的过去七佛像有5幅,均绘于洞窟东壁门上,形象为结跏趺坐禅定相,从现存榜题看,七佛的译名略有不同。

1-13-1 七佛说法图　　　▼
七佛结跏趺坐须弥座或莲花座,着通肩袈裟,结说法印。每尊佛两侧菩萨侍立。西端绘释迦牟尼佛及未来佛弥勒。说法图下面是供养人像和发愿文,其中有西魏大统四年、五年(公元538、539年)题记,是莫高窟现存最早的纪年题记。
西魏　莫高窟285窟　北壁

唐代过去七佛像有17幅，承袭隋代七佛说法像的表现形式，大部分是结跏趺坐像，只有其中一铺七佛中有两身为善跏趺坐佛像，均无榜题，表现的应是过去七佛。

五代、宋时期过去七佛像有8幅，位置由窟内移向窟前室壁门上，为结跏趺坐禅定像。

沙州回鹘和西夏时期的过去七佛像有6幅，其中有一铺沙州回鹘时期的，只绘五身佛像，表现的是七佛中的前五佛，无迦叶佛和释迦佛。

1—13—2　七佛说法图局部之一　▲
图中绘释迦佛及弥勒佛，胁侍菩萨身披分叉长巾，增加了仙道气氛。
西魏　莫高窟285窟　北壁

1-13-3　七佛说法图局部之二　　　　　　▲
图中绘拘那含佛，胁侍菩萨身着汉式袍服，足蹬云
头鞋，如同中原贵族。
西魏　莫高窟285窟　北壁

1—13—4　七佛说法图局部之三　▲
图中绘迦叶佛，莲花座前有"大统四年"的纪年题
记。
西魏　莫高窟285窟　北壁

第二章

慈 悲 怡 然 的 菩 萨

1·为什么菩萨表现出饶益有情？

　　菩提萨埵（梵文Bodhi-sattva），略称菩萨，菩提意为"觉悟"，萨埵意为"有情"。凡修持大乘六度，求无上菩提，利益众生，于未来成就佛果的修行者都可以称为菩萨。佛是对宇宙人生的根本道理已获透彻觉悟，即已觉行圆满，大彻大悟。而菩萨是尚处于求佛果而修行的阶段，既要自觉，又要觉他，即所谓"上证菩萨，下化众生"。最早的菩萨是指尚未成佛的释迦牟尼，随着大乘佛教的发展，出现了许多的菩萨，可知名的菩萨数量骤增。佛教也把历史上对弘扬佛法，建教立宗有贡献的大德法师称为菩萨。如印度有马鸣菩萨、龙树菩萨，中国有竺法护

被尊为敦煌菩萨等。

　　据佛经所载，与佛共弘教化的菩萨，可以分为三类：第一类是用形象来表达菩萨修行阶次的，如十地菩萨、等觉菩萨等；第二类是佛旁的胁侍菩萨、听法菩萨等供养类菩萨。第三类是佛经有记载、有名号的菩萨，都是等觉位的，辅助佛陀弘法教化。

　　敦煌尊像画中的供养菩萨画像，数量庞大，贯穿各个发展时期。

　　北朝时期的菩萨像，除绘于各类说法图中作为主尊佛陀的胁侍菩萨外，还绘于洞窟正壁佛龛内、外两侧壁，以及人字坡顶上，作为龛内主尊佛塑像的胁侍菩萨，以及作听法和供养的菩萨。在洞窟中有2身、4身、8身等组合，最多的一窟内多达40身。

　　进入隋代，菩萨像不仅出现在说法图中，而且大量绘制在佛龛内外壁上。隋代

▶

2-1-1　听法菩萨

菩萨坐于莲花上，手姿灵巧，动态各异。诸菩萨的手姿和身姿彼此呼应，又有一定的连贯性，使画面形成波澜起伏的动态感，造型优美，色彩凝重热烈。

北凉　莫高窟272窟　西壁龛外

2-1-2 持莲供养菩萨 ▲
菩萨双手捧着高大的莲花花枝，腰束长裙，踏在莲花台上，似在行进，身姿优雅。头上有莲瓣形头光。
北魏 莫高窟428窟 人字坡

佛教的融合发展，大乘经变画的出现，壁画题材已发生了较大变化，也使得正壁佛龛内塑像的组合发生变化，已不是北朝时那种以佛塑像为主的单一格式，除塑菩萨、弟子像外，还绘众多的菩萨、弟子像等。隋代佛龛内外壁上的菩萨像，少则2身，多为4身至8身，最多的有20余身。由于这些胁侍菩萨像均无榜题，形象特征不明，只有部分说法图中提净水瓶和持莲花的菩萨像，依照阿弥陀经变中的观音和大势至菩萨的形象可以辩识。

唐前期的菩萨像，仍流行龛内外作为主尊佛塑像的胁侍，它们在龛内的数量不等，最普遍的一种是在主尊佛塑像两侧各绘1身，与龛内已有的二菩萨塑像共同组成一佛四菩萨的格局，此外，还绘有4身、6身、8身的。有的洞窟在经变画的两侧还绘有独尊式的菩萨像。唐后期的菩萨像，由于经变画的增多，菩萨像相对集中绘于龛内，晚唐时在四壁经变画下部屏风画帧内绘独尊式菩萨像，成为一种流行的布

2-1-3 胁侍菩萨 ▶
菩萨或裸身披巾，或披右袒袈裟，姿态各异。面部和肢体的晕染尚未完全变色，可以看到工谨细致而紧劲有力的线描和当时的设色效果。
西魏 莫高窟285窟 西壁龛内

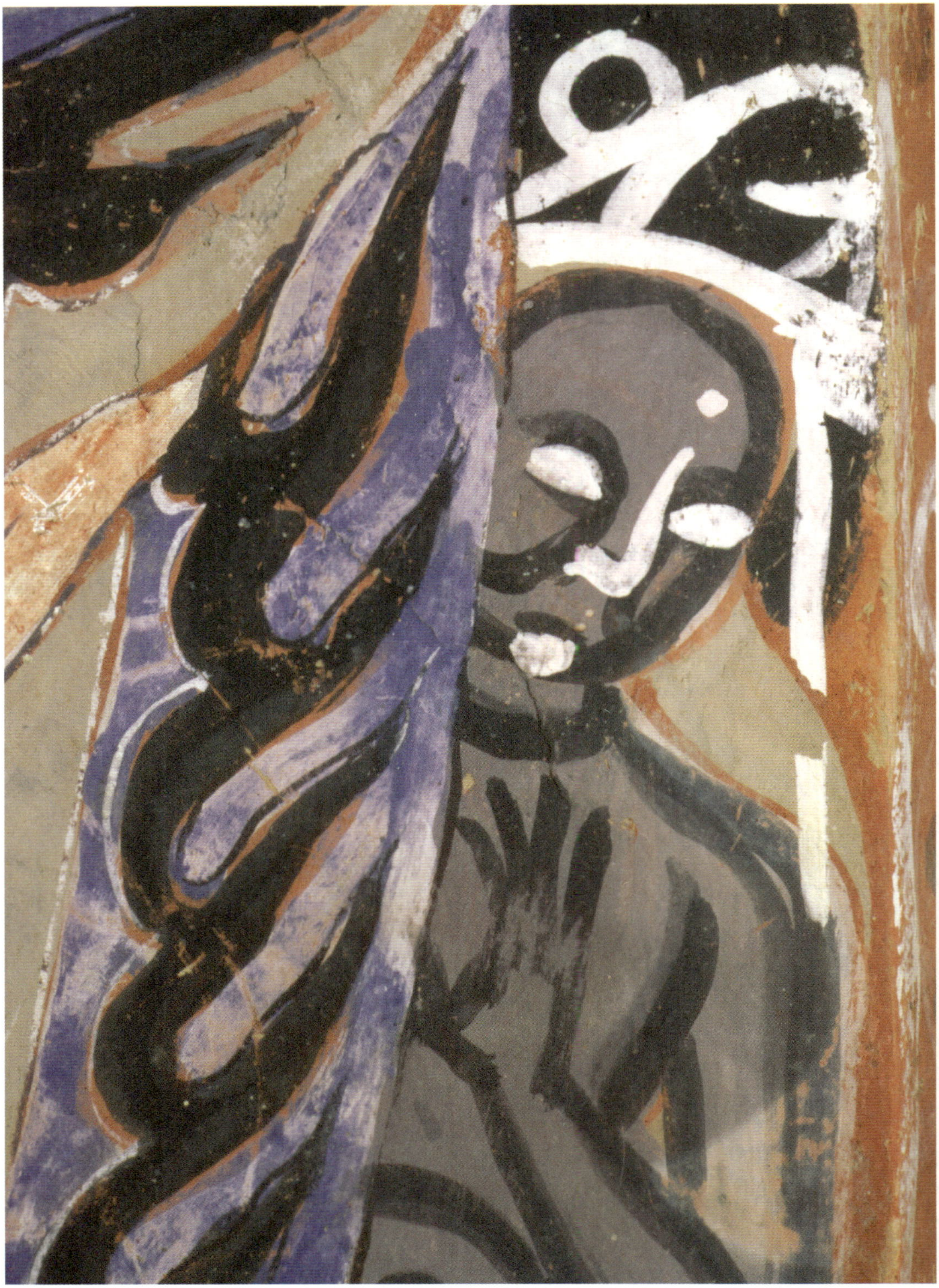

局。见于榜题的除有观世音、大势至、地藏外，还有常精进、金刚藏、如意轮、自在王、大光、消灾息灾、宝檀华、普胜宝像、普德海童、普光照、普相光明等菩萨。

五代、宋时期的菩萨像，数量较多，散布于洞窟内各外，总数约有三百余身。见于榜题的菩萨名有：日光、月光、明惠、月藏、妙吉祥、宝智、不虚行、金色世界妙□、功德山王、大云修善高王、大云雷音、大云大光、大云星光、金刚藏、虚空藏、宝首、大云净光、妙高山王、大辩才庄严、莲花光焰、无尽意、□自在、法相自在、法自在、持世、慈是、不休息等。从宋代开始在部分洞窟中整壁绘形体高大逾人的供养菩萨连袂而立，一窟内多至20至30余身。

沙州回鹘、西夏、元时期的菩萨像，数量巨大，特别是在西夏时期，遍布洞窟甬道和四壁，排列成行，连袂而立，有榜

2-1-4 窥视菩萨

在佛光旁的狭小空间内，画一菩萨从佛背光的后面探露出半边身，欲向外窥视，手在胸前，似很小心，主动别致。用笔粗犷，面部的三白十分明显。

北周 莫高窟290窟 中心柱北向龛

2-1-5 持花菩萨

菩萨头戴新月宝冠，微前倾，身着红色袈裟，双手轻拈曲茎莲花，花上宝珠放射光明。晕染重色描绘脸颊、眉棱、下颌等处，形象清雅俊秀。宝冠饰样源自印度。

隋 莫高窟420窟 西壁龛内

题的菩萨几乎全无。

就佛教造像而言，佛像变化较少，而菩萨像，其变化则极为显著，更加注重追求相好、服饰、手印、量度等。这些菩萨面目圆润清秀，恬静安祥，身材修长，

2-1-6　持炉供养菩萨　▲
菩萨手拈金色香炉和鲜花，向主尊供养。面部和手
经过细腻的晕染，虽然颜色褪变严重，但仍显得和
谐自然。
隋　莫高窟404窟　西壁龛内

窈窕丰满，动态轻盈，婀娜多姿；服饰华
美庄严，首戴天冠，身披璎珞，手贯环
钏，衣曳飘带，持物、手印等各不相同，
较之佛像的庄严静穆，尤显光彩炫目。

　　菩萨是大乘佛教修行的理想，以达到
佛果为目的，菩萨都有伟大的誓愿，励行
菩萨道，教化大众，显示"上证菩提，下
化众生"的境界。在菩萨住于慈悲心，而
修万行，下化众生的誓愿中，具有直接伸
手救济世人、利益现世、饶益有情的神
格，比起端严肃穆的佛陀更易予人以亲切
感。正是基于此点，敦煌尊像画中绘制了
大量的各类菩萨像，作为佛陀的胁侍出现
在说法场景或供养佛尊。

2-1-7　持钵菩萨菩萨　▶
头戴宝冠，长发垂肩，身姿微曲，斜挎天衣，一手
托玻璃钵，一手拈花，脚踏莲花，巾带风扬。菩萨
丰满的面容和俯视的目光，表现出矜持潇洒的神情
初唐　莫高窟401窟　北壁

2-1-8　思惟菩萨　▲

思惟菩萨半跏趺坐于莲座上，右手抚胫，左手支颐，目光下视，好象沉浸在深邃的冥想之中。色彩明快，浓重的土红地色，衬托出菩萨素面的洁净。

初唐　莫高窟57窟　西壁龛内

2-1-9　持莲菩萨　▲

菩萨素面洁白如玉，长发覆肩，左手持莲蕾上举，右手托盛开红莲，头微倾，姿态优美，妩媚动人。

初唐　莫高窟57窟　西壁龛内

敦煌之最

★莫高窟画菩萨最多的洞窟

　　莫高窟画菩萨最多的洞窟是161窟。此窟位于莫高窟的最高层，始建于晚唐，宋代部分重修，但窟内壁画没有重绘。窟内共绘有大中型菩萨经变画、说法图9幅，赴会听法菩萨136方，几乎都是菩萨。经统计共有小观音136身，赴会听法菩萨6800身，加上大中型经变画，说法图中的大菩萨和供养菩萨，约有6850余身。

2-1-10　托莲胁侍菩萨　▶

菩萨结跏趺坐于莲花上，面如满月，静如处子，头微倾斜，一手持花，一手捻带，眼微闭而下视，似在禅定之中。

初唐　莫高窟322窟　东壁

2-1-12 听法菩萨 ▲

在碧空中，彩云如浪翻卷环绕，中央大菩萨微笑露齿，似心领神会，众菩萨俯身倾听，形成听法场面。隐藏在云中的飞天，正在歌舞散花，给诸天圣众以欢乐。描绘精细，晕染轻柔，色彩明丽，是初唐佳作。

初唐 莫高窟220窟 西龛顶

2-1-11 拈花胁侍菩萨 ◀

菩萨侧身向佛，左手拈一朵红莲，右手下提飘带。人物造型准确，线描简练，色彩明快鲜丽，特别是肌肤，白中略施淡赭，描绘出莹洁之美与洁净的菩萨心境。

初唐 莫高窟322窟 东壁

2-1-13 听法菩萨 ▲

菩萨头戴花冠，面相清秀腴润，神态呈现出浓厚的世俗意味。运笔熟练，墨线浓淡相间，笔墨传神。

盛唐　莫高窟217窟　西壁龛内

2-1-14 戴金冠菩萨 ▲

菩萨头戴卷草纹嵌宝珠金冠，云鬓高髻，冠缯长垂，纷披耳际，浓发覆肩，面额丰润，修眉俊目，情态温婉娇稚，一如少女。其宝冠样式很特殊。

盛唐　莫高窟45窟　西壁龛内

2-1-15 供养菩萨特写 ▶

菩萨戴花冠，秀发垂肩，臂钏、项链、手镯为饰，左手支颐，上身略为前倾，装束、动态全为女性，然而面部表情却似一位思虑的男子。画家在用墨定型时，在眉目传神上非常用心，眉毛、上下眼线，都是神来之笔。

初唐　莫高窟71窟　北壁

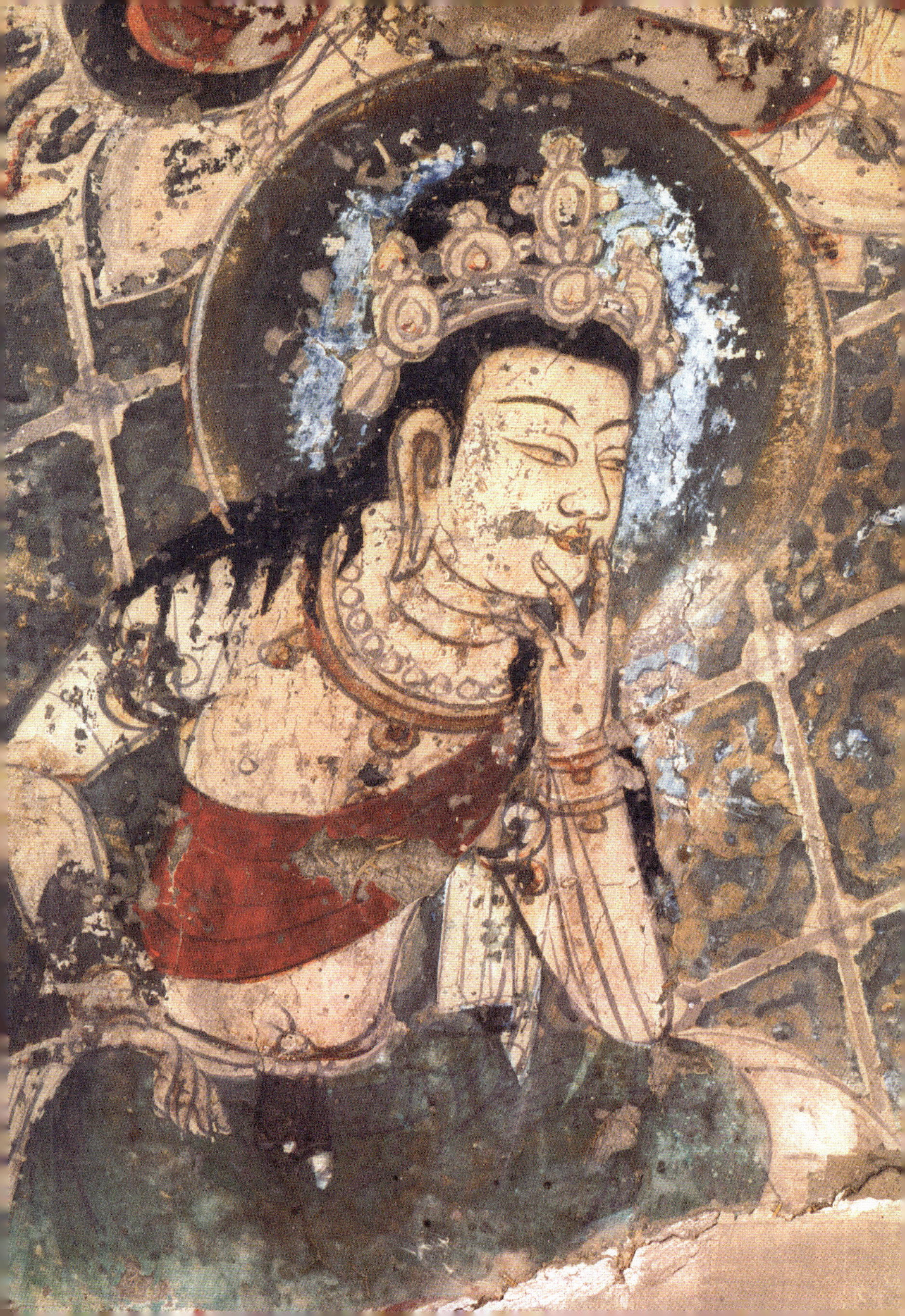

2-1-16　提净瓶菩萨

菩萨面相丰圆，长眉入鬓，上身半裸，
斜挎天衣，手提净瓶，立于莲花台上。
身形高大，匀称端庄。运笔爽利，裙
带如卷云，赋色淡雅。

中唐　榆林窟25窟　主室南壁

2—1—17　榜题胁侍菩萨 ▶

释迦佛说法图中的胁侍菩萨，神态端庄。榜题有：住一切悲见、净菩萨等。线描柔中有刚，晕染色泽淡薄而柔润。

五代　榆林窟12窟　主室东壁

2—1—18　宝池莲花供养菩萨 ▼

菩萨头戴高冠，遍身佩饰，披绕长巾，接踵而至，立于宝池莲花上。菩萨像高大逾人，济济一堂，造型优美，排成行列，蔚为壮观。

宋　榆林窟17窟　前室西壁

2·为什么说观音和大势至菩萨慈悲垂悯？

佛教众菩萨中，最具影响和魅力的菩萨首推观音菩萨，在净土思想流行的时代，与阿弥陀佛在民间有着最广泛的信仰，"家家阿弥陀，户户观世音"，是其信仰深入的真实写照。

观世音（梵文Avalokité svara），又称观音或观自在，为佛教四大菩萨之一。称观世音，是取菩萨能用眼观察觉闻众生一心称名，而来救济诸世间悲苦，使之得解脱之意。称观自在，是取菩萨能观察诸法，自由自在，给一切功德与一切众生，使之解脱苦海。观音菩萨在《观无量寿经》中是阿弥陀佛的左胁侍，与右胁侍大势至菩萨合称为"西方三圣"，这是因为观音具有神力自在的能力，救济现世人间，所以为安稳引导志愿来世的信仰，以观音作为胁侍最为合适。独立的观音经典，则源自《法华经·观世音菩萨普门品》，记述菩萨于娑婆世界利益众生之事，观音菩萨在众生遭遇大难时应声前往，救诸苦难，应地应时变化三十三身，随类示观，救诸众生，大慈大悲，满足众生一切愿望。《华严经》中说，观音菩萨住南海普陀落山，故其住处即在此娑婆世界。现今一般认为观音道场在普陀山★。关于观音菩萨的信仰，可视为由上述诸经而形成的。

2-2-1　大势至菩萨　▲

大势至菩萨与观世音同为阿弥陀佛的上首菩萨，合称为"西方三圣"。其装束与观世音菩萨相同，手托莲花。造型饱满圆润，仪态宁静沉稳。

隋　莫高窟278窟　西壁龛外

大势至菩萨（梵文Maha-sthama-prapta），与观音菩萨同为阿弥陀佛胁侍。据《观无量寿经》说："以智慧光，普照一切，令离三涂，得无上力，是故号此菩萨名大势至。"由此可知，大势至菩萨是掌理智慧的，与掌理慈悲的观音菩萨相对应，以示悲智二门。在阿弥陀净土世界中，利益众生，教化众生，并接引众生往生净土彼岸。

敦煌尊像画中的观音菩萨和大势至菩萨

知识库

★普陀山

　　中国佛教四大名山之一。位于浙江，属舟山群岛。据传说，唐代时有印度僧人来此，口称亲睹观音菩萨说法，中国信徒遂认为此岛是观音菩萨住所，并称之为普陀。佛经中称观音住南印度普陀落迦山，《大唐西域记》记载：秣剌耶山东有布怛落迦山。其名均出梵文同一译音，西藏拉萨的布达拉宫的读音最接近现代汉语。五代时，因日本僧人将五台山观音像留在此地，遂建观音院供奉。南宋时规定在此供奉南海观音，香火遂盛。著名寺院有普济寺、法雨寺、慧济寺等。

2-2-2　观世音菩萨 ▶

观世音菩萨头戴三珠冠，上穿一肩系带的僧祇支，敞胸披巾，要束长裙，左手持插垂杨枝的净瓶，右手执巾，面含微笑，丰满圆润，姿态自然斜欹，表现出女性的婀娜美。

隋　莫高窟278窟　西壁龛外

像，最早出现在隋代阿弥陀佛说法图中为胁侍菩萨。同时在个别洞窟正壁佛龛外两侧壁上，绘有对称的独尊式观音和大势至菩萨像。

随着净土信仰的深入，在唐前期壁画中，观音、大势至菩萨不仅作为西方三圣大量出现在说法图和经变画中，而且大量绘制成独尊像于佛龛外两侧壁中，遥相对应，总数有百余身。其形象特征是：观音菩萨头戴宝冠或化佛冠，璎珞严身的立姿像，手提净水瓶，轻拈杨枝是其持物的重要标识；大势至菩萨头戴宝冠，冠上绘有宝瓶，立于莲花上，双手持长茎莲花或捧琉璃花盆，也有部分为持长茎莲花，手提净瓶的造型。

源于隋代法华经变中的观音菩萨普门品变相，在唐前期已发展成为以观音菩萨为主尊的独立观音经变。从而使观音菩萨一跃成为佛教众多菩萨中的首位菩萨，对观音菩萨的信仰，达到了狂热的程度。在壁画中观音菩萨除与大势至菩萨配对绘制外，还单独绘制，有的洞窟内甚至出现多身观

2-2-4　大势至菩萨　▲
阿弥陀佛说法图中，大势至菩萨头戴金冠，身饰金璎珞环钏，斜披天衣，左手托绿色玻璃钵，右手提巾带，姿态优雅。
初唐　莫高窟57窟　南壁

音菩萨像同壁连袂绘制，榜题"南无观世音菩萨"或"南无救苦观世音菩萨"等。另还有一幅根据《华严经》记载，以观音菩萨为主尊的洛迦山观音图，观音菩萨吉祥坐于水池莲花上，眷属菩萨化生围绕左右。图中表现的应是布呾落迦山顶之池的场景。据唐玄奘《大唐西域记》记载："秣剌耶山东有布呾落迦山，山径危险，岩谷剞倾。山顶有池，其水澄镜，派出大

-2-3　观世音菩萨　▲
阿弥陀佛说法图中，观音菩萨头戴化佛金冠，身饰璎珞环钏，作提瓶手势，婀娜多姿，楚楚动人。面容晕染在白净中透出红润，沥粉堆金，与僧祇支精致的装饰花纹和绚丽的色彩相映衬，呈现出金碧辉煌的效果。
初唐　莫高窟57窟　南壁

出，除少数绘于胁侍菩萨行列外，独立成幅的多绘于龛外两侧壁或经变画两侧，以立姿为主。

五代、宋时期壁画中可辩识和榜书题名的观音、大势至菩萨像，造型特征与唐代相同。但在观音菩萨的造型上，出现一种新的观音像，这就是"水月观音"。水月观音像相传是唐代画家周昉所创绘，周昉素以"彩色柔丽，菩萨端严"著称。图中观音菩萨倚岩而坐，全身笼罩在明亮的圆光之中，身后湖石旁几株修竹，座前有宝池，池水涟漪，红莲浮水，意境幽静清雅。正如唐代白居易《画水月观音菩萨赞》中所描述："净绿水上，虚白光中，一睹其相，万缘皆空。"这一时期的水月观音图，分别绘于窟前室门两侧壁上方和甬道壁上。沙州回鹘、西夏、元时期，观音和大势至菩萨像数量锐减，仅绘于沙州回鹘时期。而独立成幅的观音像，则主要绘于元代洞窟中。这时期继续流行水月观音像。

敦煌尊像画中，观音菩萨头戴内奉有

2-2-5 持珠大势至菩萨 ▲

大势至菩萨头戴宝瓶冠，面相丰腴，神态庄重，肩披薄纱长巾，透出层层饰带，胸着织锦络腋，灿若云霞，遍身绮罗，双手持珠，凝神伫立，慈祥端严。
盛唐 莫高窟217窟 西壁龛外

河，周流绕山二十匝，入南海。池侧有天宫，观自在菩萨往来游舍。" 唐后期壁画中的观音、大势至菩萨像，总是配对绘

2-2-6 甘露观音 ▲

观音菩萨身形高大，绰约立于莲花上，垂首俯视女
供养人，右手下垂，向供养人倾倒净瓶中的甘露，女
供养人捧露仰拜，意态恭敬虔诚。
盛唐 莫高窟205窟 西壁

2-2-7 杨枝观音 ▶

观世音菩萨头戴化佛冠，侧身立于莲花上，左手提
净瓶，右手拈杨枝，身材修长，亭亭玉立。朱红线
描清晰可见。
盛唐 莫高窟320窟 西壁龛外

阿弥陀佛的宝冠，大势至菩萨头戴宝瓶
冠，均在经典中有记载。至于手中持物，
则无明确记载。在壁画中，观音菩萨手持
莲花、杨枝和净水瓶最为常见，大势至菩
萨多持莲花或捧花盆。在佛教中，莲花和
杨枝，表示清净；净水瓶则内盛甘露，象
征菩萨以大悲甘露遍洒人间，净化众生，
引渡至彼岸。这些法物体现了菩萨的慈悲
心，也是以救济众生为己任的大乘佛教精
神的象征。

2-2-8　大势至菩萨　　　　　　　　　▶
大势至菩萨头戴莲花冠，面相丰圆，姿态潇洒，右
手托琉璃杯，杯中莲花绽放，面露喜色。土红线描
挺劲流畅，赋彩简淡雅致，表现出中唐的新风格。
中唐　莫高窟199窟　　西壁龛外

2-2-9 持莲观音 ▶
菩萨头梳双髻，戴宝冠，左手拈红莲花，右手提净瓶，榜题"南无救苦观世音菩萨"。由于原壁画为西夏甬道覆盖，搬迁后露出此画，故线描清晰，色泽如新。
五代 莫高窟220窟 甬道北壁

敦煌石窟历代观音菩萨图简表

时代	内容	数量
唐前期	观音菩萨像	约40余身
唐后期	观音菩萨像	约30余身
五代、宋	观音、大势至菩萨 水月观音图	约20余身 10幅
沙洲回鹘	大势至菩萨 水月观音图	4身 2幅
西夏	水月观音图	4幅
元	观音、大势至菩萨 水月观音图	8身 2幅

2-2-10 持梵箧观音 ◀

观世音菩萨，头戴化佛冠，面相微长，细目修鼻，左手轻拈璎珞，右手持经箧，表现出菩萨庄重睿智和慈悲情怀。上有由花蔓、璎珞组成的华盖。榜题"南无大慈大悲救苦观世音菩萨"。

沙州回鹘 莫高窟97窟 西壁龛外

在中国净土信仰盛行的时代，同为阿弥陀佛胁侍的观音和大势至菩萨，受到世人的信仰崇拜，但是常理智慧的大势至菩萨，比起常理慈悲的观音菩萨来说，所受到单独信仰崇拜的程度则相去甚远。在大乘佛教中，似乎是智慧比慈悲更受重视，这种对智慧的重视也是大乘佛教最大的特征之一。然而，在净土思想盛行的中国佛教和世俗信仰中，则更偏重于慈悲，因而观音菩萨独立为世人普遍供奉崇拜。从这种现象似乎可以窥知，佛教思想的变迁，以及中国佛教世俗信仰的形态。

2-2-11 水月观音 ▲
观世音菩萨悠然自若地坐在岩石上，凝思遐想，通体笼罩着绿色圆光，前有碧水红莲，后倚奇石修竹，岩石上的净瓶插着杨枝。一弯新月挂在云端，远处善财童子乘云而至，参礼观音。近处岸边草地上，唐僧率弟子悟空遥作礼拜。线描流畅，色彩富丽。
西夏　榆林窟２窟　西壁

2-2-12 白衣观音 ◀

观世音菩萨，头冠之上披素巾，着白衣袍，外罩红边绡衣，神态矜持。衣裙巾带的线描，时而笔势酣畅，如行云流水，时而劲拔顿挫，如兰叶折芦，和谐统一。此像亦称"白衣大士"。

元 莫高窟 3 窟 西壁龛外

2-2-13　千手千眼观音　　　　　　　　▲

绘于观音经变中的千手千眼观音，呈十一面，头顶
双手托化佛，胸前双手合十，千手千眼如扇轮，赤
足立于莲花上，属密教信仰。两旁有眷属八身。绘
制极其精湛，是敦煌壁画的压卷之作。

元　莫高窟3窟　北壁

3 · 文殊、普贤菩萨如何表现智慧与理智？

文殊和普贤菩萨，均为中国佛教四大菩萨中之一，是释迦牟尼佛的胁侍，文殊菩萨乘狮子侍释迦佛之左侧，普贤菩萨乘白象侍右侧，合称为"释迦三尊"。

文殊师利（梵文Manjusri），略称文殊，意为"妙德"、"妙吉祥"等。在佛教诸菩萨中，无论智慧还是辩才皆为第一，专门职常智德、证德，象征般若，般若即佛之智慧，因此有"大智文殊"之美名。

普贤（梵名Samantabhadra），又称遍吉菩萨。在佛教中专门职掌理德、行德，象征三昧，三昧即佛之理念，又有"大行普贤"之美名。在佛教经典中，文殊和普贤的成立是各自独立的，文殊是般若经典和《华严经》中记载的菩萨，普贤是《法华经》和《华严经》中所说的菩萨。文殊和普贤为释迦佛之胁侍，文殊菩萨显智、慧、证；普贤菩萨显理、定、行，共诠本尊释迦佛理智、定慧、行证之完备圆满，因此，文殊和普贤共为一切菩萨之上首，常助成宣扬如来之化导摄益。

敦煌尊像画中的文殊、普贤菩萨像始绘于初唐时，唐前期有7幅，多绘于洞窟正壁佛龛外两侧壁上部，其形象特征是，文殊菩萨骑乘狮子，头戴宝冠，身饰璎珞，手持莲花或琉璃花盆，周围有天人眷属相随；普贤菩萨骑乘六牙白象，头戴宝冠，身饰璎珞，手持青莲花或玉如意，有天人眷属相伴。文殊乘狮，是表示智慧的勇猛无畏，普贤乘象，则出自《法华经·普贤菩萨劝发品》的记载。

唐后期壁画中的文殊、普贤像有6幅，其发展呈现出两种趋式，一种是画图上菩

2-3-1 文殊菩萨 ◀

文殊菩萨头戴宝冠，天衣斜挎，璎珞拔体，半结跏趺坐青狮背上，左手抚膝，右手结印。仪态庄严，为敦煌极具代表性的主尊式文殊像。

盛唐 莫高窟148窟 北壁东侧

萨的天人眷属队伍不断壮大，背景描绘日益丰富，发展成为独立成铺的文殊变和普贤变，数量庞大。另一种构图简约的尊像式文殊、普贤菩萨像继续绘制，数量较少，均绘于正壁龛外侧壁上，造型特征无变化。

　　五代、宋时期，文殊、普贤菩萨像有13幅，造型多与唐代相同。五代时由于受于阗佛教的影响，出现一种"新样文殊像"，文殊菩萨像独立绘出，别具一格。

　　沙州回鹘和西夏时期，尊像式的文殊、普贤菩萨像有7幅，多绘于洞窟前室壁上。

　　敦煌壁画中体现出的对文殊、普贤菩萨的信仰，不仅有30余幅尊像式的文殊、普贤像，更多的是多达130余铺的文殊变和普贤变，以及表现在70余铺的维摩诘经变问疾品中文殊菩萨，在唐宋时期风行一时。特别是在文殊变和普贤变中，还出现表现文殊道场五台山★和普贤道场峨眉山★的景观，这些内容的出现，更多是中国佛教徒附会佛经记载而成的。显示出对文殊、普贤菩萨经久不衰的信仰热潮，在诸菩萨中仅次于观音。体现在尊像画中，文殊骑狮和普贤乘象的造型，除了仪轨的意义外，其蕴含的象征意义即表示为驯服恰如猛兽般的罪恶和欲望的

2-3-2　普贤菩萨

普贤菩萨头戴宝冠，身披璎珞，双手持莲花枝，半跏舒坐白象背上，六牙白象足踏莲花，缓缓而行。
盛唐　莫高窟148窟　南壁

力量，以无限的智慧和理念的力量与精神，摧伏任何猛兽与恶魔，使世人得以净化，世间得以安宁。

2-3-3　普贤图　　　　　　　　　　　　▲

普贤菩萨乘六牙白象，偕眷属悠然行进。莲花座下
的昆仑奴，则举杖驱赶白象，与遏制雄狮的文殊驭
者一放一收，一进一退，从而取得变化统一、生动
和谐的效果。

中唐　榆林窟25窟　主室西壁

2-3-4 文殊图

文殊菩萨手执如意，结跏趺坐莲花座上。座下青狮
昂首大吼，司驾御的昆仑奴紧拉缰绳，其紧张的神
态与意态闲适的菩萨形成对照。

中唐　榆林窟25窟　主室西壁

2-3-5　托珠文殊　　　　　　　　　　▲

文殊菩萨头戴七宝冠，身饰璎珞，左手托宝珠，右手持长茎莲花，舒坐莲台上，下承青狮。青狮口衔莲花，踏彩云缓行，其缓慢前行中的动态，显示出动态的韵律感。
中唐　莫高窟205窟　西壁

2-3-7　普贤图　　　　　　　　（见122页图）

普贤菩萨手托玻璃花钵，游戏坐于象背上，昆仑奴执杖驱赶六牙白象。在帝释天及天龙八部、眷属圣众簇拥下，缓缓前行。中唐吐蕃时期的文殊、普贤图人物众多，画面宏大。此为敦煌极具代表性的部众式普贤图。
中唐　莫高窟159窟　西壁龛外

2-3-6　持莲普贤　　　　　　　　　　▲

普贤菩萨舒坐白象背上，宝冠天衣，身饰璎珞，双手共持长茎红莲花，有菩萨牵象缓步前行。构图简练，线描圆润流畅，设色素雅，清新明洁。
中唐　莫高窟205窟　西壁

2-3-8　文殊图　　　　　　　　（见123页图）

文殊菩萨手持如意，结跏趺坐于青狮背上，青狮大吼，周围眷属、梵天及天龙八部护卫，天人奏乐引路。由于吐蕃时期对文殊的信仰，曾派使者到中原唐王朝求取五台山图。
中唐　莫高窟159窟　西壁龛外

2—3—9 新样文殊 ▲

文殊菩萨手执如意，端坐青狮宝座，牵狮人为于阗国王，头戴金梁红锦风帽，高鼻虬髯，身穿红色圆领袍衫，长鞠毡靴，手持五彩缰绳。榜题“普劝受持供养大圣感得于阗国……时”。另有题记：“大唐同光三年（公元925年，后唐）……敬画新样大圣文殊师利菩萨一躯。”

五代 莫高窟220窟 甬道北壁

2—3—10 普贤菩萨 ▲

普贤菩萨头戴宝珠花冠，手执如意，半跏趺坐于六牙白象上，两旁各有一持花菩萨。从华盖、圆光、宝冠、佩饰、莲座到象顶上的彩铃装饰均精心绘制，可惜下部已磨蚀不清，但仍显其宏伟威严的气慨。

宋 榆林窟6窟 二层前室东壁

2—3—11　普贤图　　　　　　　　　　　　▲

普贤菩萨手持梵箧，半跏趺坐于莲座上，座下六牙
白象踏莲花前行，象奴紧拽缰绳。周围梵天、天王、
菩萨、罗汉等护从。人物的冠带、衣裙，随风飘动，
脚下白云翻滚，使圣众在半空疾行的动势跃然壁上。
西夏　　榆林窟3窟　　西壁

2—3—12　文殊图　　　　　　　　（见2～3页图）

文殊菩萨手持如意，半跏趺坐在青狮背莲座上，形
象坚毅、沉静。象征智慧威猛的青狮足踏红莲，步
伐劲健，狮奴用力拉着缰绳。周围帝释、天王、菩
萨、罗汉、童子等圣众，在云端汇成了渡海的行列。
西夏　　榆林窟3窟　　西壁

知识库

★峨嵋山

位于四川峨嵋，是中国四大佛教名山之一，传说为普贤菩萨道场。因山势连绵逶迤，俊美艳丽如蛾眉，故名。主峰万佛顶海拔3099米，重岩叠翠，气势磅礴，素有"峨嵋天下秀"之誉。唐宋时建寺，宝刹佛窟遍及山峦，著名的有万年寺、报国寺、千佛庵等。

★五台山

位于山西五台，是中国四大佛教名山之一，传说为文殊菩萨道场。因有五座山峰环抱，峰顶又平坦如台，故名。东台称望海峰，西台称挂月峰，南台称锦绣峰，北台称叶斗峰，中台称翠岩峰。北台海拔3058米，盛夏时节依然凉爽宜人，故别名"清凉山"。东汉时创建佛寺，经历代增建，名刹有显通寺、塔院寺、殊像寺等，成为中国保存寺院最多而又最完整的佛教名山。

4·地藏菩萨是超生冥界的护佑者吗?

地藏菩萨在中国佛教诸菩萨中久负盛名,与观音、文殊、普贤合为中国佛教四大菩萨并称于世。地藏(梵文Ksitigarbha),地,"住处"之意;藏,"含藏"之意。佛教中说,地藏受释迦牟尼佛的付嘱,在释迦既灭,弥勒菩萨未生成佛之间的无佛时代,自誓度尽六道众生,拯救诸种苦难烦恼,"众生度尽,方证菩提,地狱未空,誓不成佛。"唐玄奘译《地藏十轮经》谓其"安忍不动犹如大地,静虑深密犹如秘藏",故称地藏。犹如大地藏有救济众生的伟大功能,颂念地藏菩萨之名,一心皈依,就得从苦解脱,安住涅槃得乐。传说其道场在九华山★。

敦煌尊像画中,出现在唐前期的地藏菩萨像有23身,均为尊像式独立成幅,其形象特征是以声闻形绘制,圆顶光头,身覆袈裟,手托摩尼宝珠,正面立姿或侧身立姿像。其中有4身地藏菩萨像的身后或所托宝珠上放射出六条光带,用以表示法界天人六道,表现地藏菩萨自誓尽度六道众生的大愿,部分榜题"南无地藏菩萨"。

唐后期的地藏菩萨像有35身,在洞窟内无固定的位置,还有部分补绘于前代洞窟内,最多的在一窟内绘有9身。这些地藏菩萨像以立姿像为主,兼有少数半跏趺坐姿

2-4-1　地藏菩萨　◀
菩萨面相慈祥,垂目若有所思,身着云水田相袈裟,立于莲花上。人物比例适度,色彩淡雅。
盛唐　莫高窟172窟　东壁

2-4-2　托珠地藏菩萨　▶
菩萨慈眉善目,左手二指相捻结印,右手托珠,形象清雅俊秀,恬静安祥。
中唐　莫高窟45窟　西壁龛外

像，此外，还现两身被帽地藏菩萨像，头戴丝巾围成的帷帽，这种造型的地藏菩萨像，唐以后得到了广泛流行。

五代、宋时期壁画中有10身地藏菩萨像。由于有关地藏与地府十王组合的地藏十王厅变相的兴起，独尊的地藏菩萨像数量减少，其中有5身为被帽地藏菩萨像。此后，壁画中的地藏菩萨像逐渐减少，仅有1幅西夏时的被帽地藏像遗存。

在大乘佛教中有许多以教化六道，尤以人间为本愿的佛和菩萨，如阿弥陀佛和药师佛，以及观音菩萨等。与观音菩萨的信仰相比，崇拜观音的目的，大多为了利益现世，或往生净土，而地藏菩萨信仰，虽也有利益现世一面，如代众生受苦，祛除疾病，满足众生需求等等，但是更多的则认作是维系六道，连结生死，是为超度亡灵的罪障而解脱六道轮回苦厄的菩萨。为超度亡魂，解救坠落地狱的亡者，人们祈祷地藏菩萨给予救济帮助，使亡者得以解脱。似乎生者将亡者托付给地藏菩萨后，可以减轻生者的不安和烦恼，得到安宁和慰藉。这样，地藏菩萨就以解救连结生死两界而赢得了世人的普遍信仰。在敦煌藏经洞所出的《地藏菩萨经》中，

2-4-4 托珠地藏菩萨 ▲
菩萨结跏趺坐于莲花座上，面相庄严肃穆，头戴帷帽，身着云水田相袈裟，一手托透明宝珠，一手持锡杖。线描规整流畅，晕染柔和，色彩清冷，是这一时期的代表作。
五代 榆林窟12窟 西壁

把地藏菩萨案查地狱阎罗王审判联系到一起，说地藏菩萨居住南方琉璃世界，以天眼看到冥界众生身受地狱之苦，见此不忍，遂发慈悲心怀，身到地狱，案查监督阎罗王判断是否有错、公正，而对于那些造地藏菩萨像，念地藏菩萨经、唱地藏菩萨名者，临死前地藏则亲自往迎，免入地狱，即令坠入地狱，亦能加护，并使之拔脱罪苦，往生极乐世界。

2-4-3 帷帽地藏菩萨 ◄
菩萨头戴帷帽，身着锦绣袈裟，一手托珠，一手持锡杖，立于莲花上。从菩萨身上发出六条彩云，天花散落，表现地藏菩萨解救六道众生的宏愿。
中唐 莫高窟154窟 前室东壁

2-4-5　地藏十王　　　　　　　　　　　▲
菩萨头戴帷帽，身披云水袈裟，手托火焰宝珠，半
跏趺坐于宝石座上，前置香炉。两侧绘有冥府十王。
五代　莫高窟384窟　甬道顶

地藏虽为菩萨，但其仪相有别于其他菩萨。地藏菩萨是剃发圆顶光头，身着袈裟的声闻形或比丘形，这和日常生活中所见的僧人形象是相同的。敦煌尊像中的地藏菩萨像，唐前期地藏菩萨多持宝珠和结印，后随着地藏信仰的深入，造型上有所变化，出现被帽像，手持宝珠和锡杖的形象。持摩尼宝珠，表示满足众生之愿望；持锡杖，表示爱护众生，也表示戒修精严，这种形象的地藏菩萨像，犹如一个云游四方的僧人，以救济世人之苦为己任，给人以亲切感和亲近感。

知识库

★ 九华山

位于安徽青阳，是中国佛教四大名山之一，传说为地藏菩萨道场。群山中因有九峰雄峙，故名九子山。又因唐代大诗人李白有诗曰："昔在九江上，遥望九华峰。天河挂绿水，绣出九芙蓉。"故更名九华山。主峰十王峰海拔1342米，山中瀑布溪流，苍松翠竹，有"东南第一山"之称。唐代时，有新罗王子来此修行坐化，开辟地藏菩萨道场，明代建寺供奉。著名寺院有化城寺、肉身殿、甘露寺等。

第三章 罗汉与弟子的世态风貌

1·护法尊者罗汉为何长驻人间?

阿罗汉（梵文Arhat），简称罗汉，意为"受供养、尊敬的人"。在佛教兴起的时代，是印度各宗教对受尊敬的修行者的称呼，在小乘佛教中，最初的佛也称为阿罗汉，后来将佛与罗汉分开，特指修行所能达到的最高成就，即阿罗汉果位，达到这种境界的修行者，破除一切烦恼，得以解脱生死轮回而进入涅槃。大乘佛教主张一切有情成佛，以佛法成就众生，小乘佛教那种以自我解脱的罗汉，在大乘佛教中成为了已得到解脱，但不进入涅槃。在现实世界护法，等待弥勒出世，除去灾难，祈福众人的修行者，"以佛道声，令一切闻"的护法弘法使者，所以又称为声闻。

在佛经记载中，最初登场的罗汉是宾头卢尊者，但要担负起护法弘法之重任，仅有一个罗汉是不够的，于是在《弥勒当来下生经》中出现了宾头卢、大迦叶、君屠钵叹、罗云等四大罗汉。后又有十六罗汉之数，早在北凉道泰译《入大乘论》中说提到十六罗汉："尊者宾头卢、尊者罗睺罗，如是等十六人，诸大声闻，散有诸法……皆于佛前取筹护法，住寿于世界……守护佛法"。全面介绍十六罗汉的名号、住处、功德、作用的是唐玄奘译《大阿罗汉难提蜜多罗所记法住记》，宾度罗跋罗惰阇即宾头卢被列为第一尊者。后来，随着佛教在中国的传播，发展为十八罗汉、五百罗汉等，遂成为信仰的对象。

敦煌尊像画中的罗汉像，数量较少，且出现时代较晚。最早见于西千佛洞五代时期洞窟中，洞窟三壁绘罗汉像，现存164身，众多罗汉，布局规整划一，整个洞窟有如以后所称的"罗汉堂"。沙州回鹘时期，壁画中表现的罗汉像，主要是根据唐玄奘译《法住记》绘制的十六罗汉像，在莫高窟和榆林窟各有1窟内绘有此题材。在元代莫高窟95窟

中也绘有十六罗汉像，现存11身。

莫高窟97窟的十六罗汉像，榜题清晰，内容抄录《法住记》记载，这十六罗汉是：

3-1-1 修持罗汉 （见134页图）

罗汉像是五代时尊像画的新题材。此窟内绘罗汉像164身，塑罗汉像16身，共计180身。图中罗汉，坐于圆拱形龛内禅定修行，画幅虽小，但相貌、衣着却各不相同。

五代 西千佛洞19窟 西壁

3-1-2 榜题十六罗汉 ▼

此窟内东、南、北三壁绘十六罗汉像，图中所绘第一至第六位尊者，均有榜题颂词。人物相貌怪异，据画史所载，五代著名画师贯休曾作十六罗汉像，即为西域梵相，多奇形诡状。此图当受贯休画风所影响。

沙州回鹘 莫高窟97窟 北壁

一、宾度罗跋罗惰阇（梵文Pindoladhavadvaja），住西瞿陀尼洲；

二、迦诺迦伐蹉（梵文Kanakaratsa），住北方加湿弥罗国；

三、迦诺迦跋厘堕阇（梵文Kanakadharadvaja），住东胜身洲；

四、苏频陀（梵文Supinda），住北俱卢洲；

五、诺矩罗（梵文Nakula），住南赡部洲；

六、跋陀罗（梵文Dhadra），住耽没罗洲；

3-1-3 榜题宾度罗跋罗惰阇罗汉
十六罗汉图中之第一尊者，为西
瞿陀尼洲宾度罗跋罗惰阇大阿罗
汉。尊者结跏趺坐于山石上，方面
宽额，广颐高颧，倒挂眉，棱角清
晰，双手合什，潜心修道诵经。身
旁侍者托宝珠，向尊者作礼拜供
养。

沙州回鹘 莫高窟97窟 北壁

七、迦理迦（梵文Karika），住僧伽茶洲；

八、伐阇罗弗多罗（梵文Vajraputra），住钵剌拏洲；

九、戍博迦（梵文Supaka），住香醉山；

十、半托迦（梵文Panthaka），住三十三天；

十一、罗怙罗（梵文Rahula），住毕利扬瞿洲；

十二、那伽犀那（梵文NagaSena），住半度波山；

十三、因揭陀（梵文Ingata），住广胁山；

十四、伐那婆斯（梵文VanaVasin），住可住山；

十五、阿氏多（梵文Agita），住鹫峰山；

十六、注荼半吒迦（梵文Cudapanthaka），住持轴山。

《法住记》中所载的护法弘法十六罗汉，在佛涅槃时，"以无上法咐嘱十六大阿罗汉并眷属等，令其护持，使不灭没。……如是十六大阿罗汉，一切皆具三

罗流像即受此风之影响，呈胡貌梵相。虽形象怪异，但仍为世间常见的高僧形象，即表现为"世态之相"。这种"世态之相"的造型，消除了罗汉与世人之间的距离感，使世人感知到罗汉与世间的僧人别无两样，其独特的相貌，反而使世人感到和蔼可亲爱，这更适于表现罗汉受佛咐嘱，不入涅槃，常住世间，受世人供养而为众生造福田，护持正法，饶益有情的主题思想。

3-1-4 榜题跋厘堕阇罗汉 ▲

十六罗汉图中之第三尊者，为东胜身洲跋厘堕阇大阿罗汉，尊者长眉大鼻阔口，身体瘦骨嶙峋，侧身盘坐于山石上，一手举锤敲击背骨，尊者坐石下有小河，双鹿在河边饮水。

沙州回鹘 莫高窟97窟 北壁

明、六通、八解脱等无量功德，离三界染，诵持三藏，博通外典……护持正法，饶益有情"。自玄奘译出后，绘制十六罗汉像流行画坛，唐代洛阳龙门石窟刻有十八罗汉，据研究，增加了玄奘和达摩。唐末五代时，禅月大师贯休所绘的十六罗汉像，"胡貌梵相"，更是广为人知，对以后罗汉像影响其大。敦煌沙州回鹘时期的

敦煌之最

★莫高窟罗汉尊像最多的洞窟

莫高窟罗汉像最多的是中唐158窟。此窟是莫高窟第二涅槃窟，第一涅槃窟是盛唐148窟，塑有罗汉72身，是罗汉塑像最多的洞窟。中唐158窟西壁释迦牟尼涅槃像后，画两排举哀者像，上排画19身菩萨，下排画17身罗汉。各罗汉相貌姿态无一相同，极其传神。

3-1-5　榜题戍博迦罗汉　　　　　▲

十六罗汉图中的第九尊者，为香醉山戍博迦罗汉，
手扶鸠杖坐于山石上，凸顶白眉，身着田相袈裟，足
登云头鞋，神情沉静持重。旁有侍者弟子，合什礼
拜供养。

沙州回鹘　　莫高窟97窟　　南壁

3-1-6　白眉罗汉　　　　　　　　　　　　　▲
白眉罗汉和颜悦色，坐于毡毯上，身着白僧衣，衣
纹繁复如行云流水，表现出罗汉超凡脱俗的境界。
此窟共绘 5 身罗汉，形象高大，比例适度。
沙州回鹘　榆林窟 39 窟　主室北壁

3—1—7　长眉罗汉　　　　　　　　▲

罗汉长眉过膝，神态慈祥，袈裟右袒，双手扶长杖　　　元　莫高窟95窟　南壁
坐竹椅上，弟子恭敬地用双手托长眉，仿佛正在接
受尊者的教诲。衣纹、长杖、竹椅的线描都体现出
了不同的质感。此窟原绘十六罗汉像，今残存11身。

2·为什么佛弟子是佛陀的衣钵传人？

佛教的创始人释迦牟尼在传授佛教过程中，不断吸收信徒，这些信徒就成为最早的一批佛弟子。后来凡是信仰佛教的人，都把自己称为佛弟子，在中国出家的僧尼，更以"释"为姓，都看作是佛的弟子，在历史上难计其数。这些佛弟子中最具代表性的是十大弟子，他们是释迦佛在世时的著名门徒，合称为"释迦十圣"。他们协助佛陀弘扬佛法，在体悟佛法的十个方面，显示出各自在某一方面的独特修持和行为，据《佛本行集经》、《增一阿含经》、《大智度论》等所记，释迦十大弟子是：

一、舍利弗，智慧猛利，能解决诸疑，故称"智慧第一"。

二、目犍连，神足轻举，能飞遍十方，故称"神足第一"。

三、迦叶，行十二头陀，能堪苦行，故称"头陀第一"。

四、须菩提，恒好空定，能通达空义，故称"解空第一"。

五、富楼那，能广说法，分别义理，故称"说法第一"。

六、迦旃延，能分别深义，敷演道教，故称"论议第一"。

七、阿那律，得天眼，能见十方世

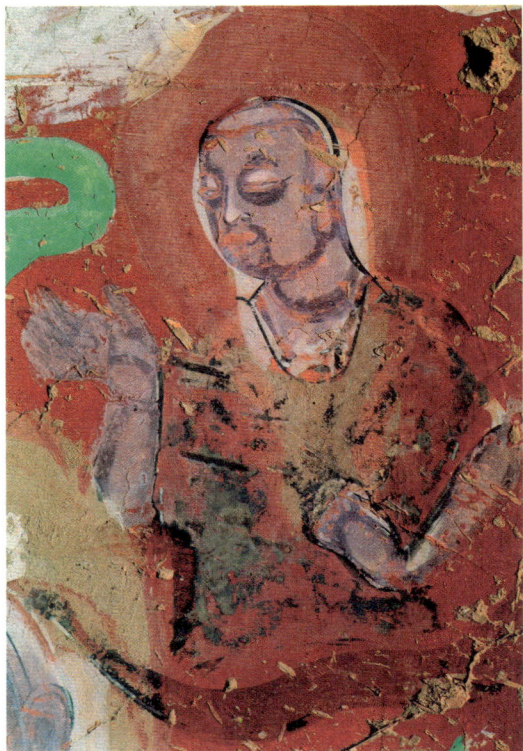

3-2-1 听法弟子

说法图中释迦佛的胁侍弟子，头顶圆光，身着通肩袈裟，静心听法，神情专注虔诚。从中可以看出早期从西域传入的凹凸画法特点。

北凉　莫高272窟　北壁

界，故称"天眼第一"。

八、优波离，奉持戒律，无丝毫触犯，故称"持律第一"。

九、罗睺罗，不坏禁戒，能诵读不懈，故称"密行第一"。

十、阿难，能知明物，所至无障疑，多闻忆持不忘，堪任奉上，故称"多闻第一"。

这十大弟子各执一法，随其乐欲，各

一法门，自有偏长，故称第一，成为弘扬佛法，继承释迦衣钵的重要传人。

敦煌尊像画中的佛弟子像，北朝时期，主要作为佛的胁侍出现在佛说法图中，到北周，在佛龛内开始绘制佛弟子像，并与龛内佛弟子塑像组合成十弟子像或单绘十弟子像，表现释迦十圣。

隋代佛弟子像，更多绘于龛内为佛胁侍，释迦十大弟子是最常见的题材，它主要有两种形式，一是绘十弟子像，一是绘塑组合十弟子像，此外，部分窟内还绘有数量不等的佛弟子像。其中，十弟子像有9窟，绘塑组合有26窟，数目不等的弟子像有12窟。

唐朝前期的佛弟子像，承袭隋代形成的布局特点，在洞窟龛内绘数目不等的佛弟子像，最常见的仍是绘塑组合十弟子像，有47窟。另外，还绘有数目不等的弟子像，有25窟，最多的达12身。部分存有十弟子的题名。唐后期的佛弟子像有13窟，均绘于龛内屏风画帧上，其数目不等，部分存有榜题。

五代、宋时期的佛弟子像有24窟，绘于龛内。沙州回鹘和西夏时期所绘佛弟子像有10窟，各窟内数目不等，表现十大弟子的逐渐减少，至元代，藏传佛教兴起，不再绘制佛弟子。

敦煌尊像画中的佛弟子像，集中表现

3-2-2 交谈弟子 ▲
两身佛弟子正聚首交谈，一身挥手教诲，一身合掌倾听，面相和善，神情关注。表现手法细腻，人物的鼻梁、颧骨、眉弓和手掌均用重色晕染。
隋 莫高窟304窟 西壁龛内

3-2-3 弟子 ▼
此窟龛内塑释迦佛和阿难、迦叶，与壁画弟子绘塑组合释迦十大弟子。弟子多作青年僧人形，圆头细目，双手合什作诸般供养，神态诚挚憨直，表现了佛弟子虔恭的性格。
隋 莫高窟280窟 西壁

3—2—4　持钵弟子　　　　　　▲
阿弥陀佛说法图中的年青弟子，年少英俊，面部红
润，显出充沛的内在生命力，神情庄严沉静，手托
水晶钵，身着田相袈裟，默默伫立。
初唐　莫高窟57窟　北壁

3-2-5 持莲弟子 ▲

年少弟子圆顶光头、白净憨厚，手持莲花、垂目若思。人物线条简练、清晰、准确，肌肤似有弹性，具有女性之美。

隋代　莫高窟278窟　西壁龛内

3-2-6 老成弟子 ▲

二身弟子，上者仅露出头部，垂目静思，下者张目微笑、挥手欲语。以赭石晕染，突出颧骨、眉轮、鼻梁，再于颅顶、两颊、下颌染以浅青，表现刚剃净的须发。线描刚劲而纯熟，使一位性格鲜明、神采奕奕的梵僧形象跃然壁上。

盛唐　莫高窟217窟　西壁龛内

在龛内为佛之胁侍，与龛内的佛、菩萨、天王等塑像，共同组成等级分明、神人共存的神佛世界。这些佛弟子像，为僧人装束。迦叶和阿难像常侍释迦佛左右而位占冠亚，名列上首。在释迦佛的十大弟子中，上首弟子原本是舍利弗和目犍连，迦叶位居第三，阿难则屈居末位，但在中国石窟中则多以迦叶和阿难同侍释迦左右而跃为上首弟子，其形象具有代表性，强调苦修和灵智，这就更突出了佛陀的智慧和神通。佛弟子像在这里就成为了连接天国神佛与人间的中介，使虚幻的神与现实的人得以接近，神人得以沟通，体现了人间的世俗情感在神佛格局里的升华。

3-2-7　辩论弟子　　　　　　　　　▲
在菩萨头光间，露出弟子头像，扬眉锐目，微启嘴
唇，其激昂的神情好像随时都在准备与人辩论。
盛唐　莫高窟444窟　西壁龛内

3-2-8　榜题听法弟子　　　　　　▼
听法弟子立于菩萨身侧，内穿僧祇支，外着各色田
相袈裟，一身手持经卷，榜题"忧波离律行第一"；
另一身手持如意，榜题"迦禅延论义第一"。
盛唐　莫高窟74窟　西壁龛内

3-2-9　持经弟子　　　　　　　▲

弟子手执经卷，另一手拈带束经，似乎正诵读完毕，
准备送还。经卷露出经轴，轴上装有白色的骨石轴
头，这同莫高窟藏经洞所藏经卷完全相同。勾描精
细，人物皮肤已变色。

盛唐　莫高窟225窟　　南龛内

3-2-10 释迦十圣之一 ▲

在法图中绘释迦十圣，此身弟子圆顶光头、碧眼、高鼻、阔口，身披云水袈裟，手持如意，正严肃地谈论佛法。榜题"圣者大目乾连神通神一"。

五代 榆林窟12窟 主室东壁

第四章 威猛刚毅的护法神众

1·神威刚劲的力士来自何方？

在佛国世界中，不光有光明大智，香花供养，还有饿鬼恶怪和种种妖魔，为了抵御恶怪妖魔侵扰，维护佛国世界的安宁祥和，于是就出现了护卫佛国世界的各种护法神，即护法的天部诸神。这些护法天神，并非佛教的产物，其源点大都是南亚次大陆的古老神话传说和婆罗门教中的神祇，其成立的时代要早于释加牟尼。佛教创立后，在"佛法广大，无所不包"的思想指导下，把这些神话传说和异教神祇吸收为佛教的守护神，而这些异教神祇在经典记载中则是听闻释迦说法后被教化的，立誓拥护佛法，出现在佛说法的场所和佛国世界护持佛法，于是组成了庞大的护法神系统。

4-1-1 赤发药叉 ◀

药叉，又称夜叉，是佛教的护法之一，奇形怪状，神武刚劲，传说能吃鬼。这时期的药叉，多画在洞窟四壁下部和中心柱塔基四周，以表示镇守佛国土之意。

北魏 莫高窟251窟 西壁

敦煌尊像画中诸护法神，最早出现的是金刚神系的药叉像。金刚神，又称金刚力士或执金刚（梵文 Vajrapani 或 Vajradhara），意思是手持金刚杵的护卫者，异称颇多，这些异名均依其手中所持金刚杵而异。金刚杵类似中国古代兵器中的钢鞭，四面起脊。因其有五百药叉为其随从，故别名金刚夜叉。

药叉（梵文 Yaksa），古音译力士与药叉同音，意译轻捷、勇健、能啖等。药叉在印度是守护大地山林的神灵，药叉女是主生育的神灵。据《大智度论》中说，药叉有三种，其中之一的地行药叉，常得种种欢乐、音乐、饮食等。佛说法时，金刚神率众随侍护卫。佛经中记载金刚神降魔伏鬼时，"手奋金杵，挥大利剑，髭如剑竦，眼如电光，以金刚杵，拟鬼王额，攘臂大叫，声振天地，鬼王惊怖"。

敦煌尊像画中的药叉像，北朝时期绘

于洞窟四壁下部接近地面处，以及中心塔柱下部接近地面处，画成排的药叉像，形象显然来自异域，有的兽头人身，张牙舞爪，或摔跤角斗，或孔武有力，或弹奏乐器，或腾空起舞，表现的即是地行药叉。

由于金刚神是降伏鬼怪的，按照佛教的说法，鬼在地狱，所以画工就把金刚神的部属众药叉像画在石窟下部接近地面处，以表示守护土地和镇压恶鬼之意。

隋唐以来，早期那种体态粗壮的药叉，演变成为神威刚劲的金刚神形像，从洞窟下部守护土地的神灵，上升到佛龛两侧或前室门侧，或出现在佛说法图中，成为镇守佛国的卫士。其形象多为裸上身，腰围战裙，赤足而立，突出现表金刚力士魁梧的体格，强健的筋肉，愤怒的面部表情，如虎啸狮吼般忿怒的形象，手中执金刚杵，以喻牢固、锐利、无坚不摧之意。

4-1-2　伎乐药叉　　　　　　　　　**（见前页图）**
伎乐药叉，一边演奏，一边歌舞，动感强烈。有弹琵琶，吹笙箫，其中鹿头药叉更是边击腰鼓边歌唱，生动风趣。
西魏　莫高窟249窟　北壁

4-1-3　怒目药叉　　　　　　　　　▼
药叉头圆体健，曲发垂肩，赤身裸腿，挥拳扑步，拉出架式，巾带飞动，虎虎有生气。线描显得粗犷豪放。
西魏　莫高窟288窟　中心柱西

4-1-4　搏击药叉　　　▲
两身药叉身披帔巾，正在角力搏击，姿态生动，表现出肌肉的健美，使人感受到一种内在的活力。
北周　莫高窟296窟　南壁

通常表现为左像怒颜张口作大吼状，称之为"吽形"；右像忿颜闭唇，似有鼻音自胸腔喷出，称之为"哞形"，这二字的音被认为是一切言语声音之根本。在隋唐时期，敦煌石窟中的金刚力士像，多为塑像或绘制在说法图中，独尊式的壁画表现极少，仅晚唐时有一铺。就其造型所显示的神格内涵，趋向于威严与力量的表现，都作激烈而可畏的忿怒相，以筋肉的紧张与姿态的跃动，展示其潜在的充沛能量和源源不断的外射张力，这种造型的金刚力士像，给人以威严感，造成肃穆甚至令人畏惧的环境气氛。

4-1-5 金刚力士 ▶

金刚力士有火焰形头光，
两目圆睁，张口怒号成
"阿"形，手持金刚杵，赤
脚立于山岩上。肌肉隆
起，表情紧张，令人感到
无比强大的内在力量。
晚唐 莫高窟9窟 中
心柱

4-1-6 金刚力士 ◀
金刚力士有火焰形
头光，怒目圆睁，紧
闭双唇成"吽"形，握
拳作嗔怒状，披长
巾，着短裙，赤脚立
于山岩上。人物面部
和肌肉用赭色晕染，
增强立体感。
晚唐　莫高窟9窟
中心柱

2·天王形象是世俗武士的再现吗？

在佛教护法神系统中，最为著名的护法神当是护世四天王，四天王在佛教创立前就是印度信仰的神祇，佛教创立后吸取收为佛教的护法神，为世界中心圣山须弥山上三十三天主帝释的外将，四天王及眷属居须弥山腰犍陀罗山四峰上，护持佛法，护持须弥山下四大部洲，各镇护一方佛土。其形象坚毅镇定，威严果敢。

东方持国天，名提头赖吒（梵文Dhritarastra），护国安民，镇守佛国东胜身洲；

南方增长天，名毗琉璃（梵文

4-2-1 东方持国天王和南方增长天王 ◀

天王是佛教镇护四方佛土的神将。二天王头戴花冠，身穿镶金甲胄，腰束战裙，赤足立于莲花上。东方持国天王手执戟，南方增长天王手执矛著地，护卫于佛旁。

西魏 莫高窟285窟 西壁

4-2-2 北方多闻天王和西方广目天王 ▶

北方多闻天王手托金宝塔和西方广目天王执矛著地，神武雄健。用笔纤细，色彩鲜明，极具时代特点，特别是使用描金，益显富丽，引人瞩目。

西魏 莫高窟285窟 西壁

Virudhaka），因其本誓为增长自他之威德，助万物能生之德分得名增长，镇守佛国南赡部洲；

西方广目天，名毗楼博叉（梵文 Virupakasa），本誓为惩罚罪人，使之遇到辛苦后，能起道心，镇守佛国西牛贺洲；

北方多闻天，名毗沙门（梵文 Vaisravana），因其常护如来道场并闻法故名多闻，镇守佛国北俱罗洲。

护世四天王的形象，现存最早的是公元前2世纪中叶印度巴尔胡特大塔周围石栏和塔门的守护神，但此处的四天王像为权贵装束，立于邪鬼身上。在犍陀罗佛教雕刻中的四天王像，已是身着甲胄的武士形象。

4-2-3　榜题毗沙门天王

北方多闻天王，敦煌榜题多称其梵名"毗沙门"。天
王手托宝塔，持矛挺立，腰佩宝剑悬刀，身着西域
武士的铠甲，踏彩云。据《大唐西域记》记载，于
阗国奉北方天王毗沙门为护国神。
中唐　莫高窟154窟　南壁

敦煌尊像画中的四天王像，最早绘于
西魏时期，四天王的特征是身着甲胄，持武
器的武士身姿，这是表现守护神之神格的造

型。北周时，在洞窟东壁门两侧壁上绘南、北
二天王像，明显用以镇守佛窟。这种布局形
式对后世产生深远的影响。

隋代的天王像有两种，一种是绘南、
北二天王像，有6窟；一种是绘四天王像，有
2窟，均绘于洞窟东壁门两侧。天王像均头
戴宝盔，披甲挂帛，足踏魔鬼或立于莲花上，
庄严威武，全然是当时现实生活中的武将形
象。

唐前期绘有二天王像的洞窟有12窟，
绘有四天王像的有5窟。天王像除绘于窟门
侧壁外，还绘于甬道壁上，但现存数量较少，
许多绘于甬道两壁上的天王像，由于后代重
修重绘，不复得见，在部分洞窟从表层壁画
残损处，可见底层唐画天王像遗迹。天王头
戴战盔，身束铠甲，俨然唐军中的胡人将领
形象。绘二天王像的身姿除立像外，还有坐
于鬼众身上的坐姿像。绘四天王像的二身一
组，侍立于窟门两侧，护卫洞窟。天王手中
所持武器，除北方天王托宝塔不变外，其他
天王持物较为自由。

唐后期绘有二天王像的洞窟有23窟，
绘有四天王像的洞窟有3窟，单绘的北方毗
沙门天王像有11幅。有的天王像身旁已出现
其眷属部众。由于洞窟内四壁多画成铺的经
变画，天王像由窟内移向窟外，绘于窟前室
两侧壁，更具有守护门神的意趣。这时，四
天王中的北方毗沙门的信仰勃兴，由原来守

4-2-4 毗沙门天王 ▶
北方毗沙门天王坐须弥座上，头束高髻，双目怒视，裸上身，右手执杵，左手握吐宝珠貂鼠。身后菩提树，飞天散花。天女抚宝盘，力士持宝袋，身披虎皮。此身天王形象当源自印度。
中唐　榆林窟15窟　前室北壁

护佛法之神，演变成为王城的守护神和民众祈愿财富的财神而单独绘制。

五代、宋时期的天王像，遗存较多。绘有二天王像的洞窟有40窟，窟顶四角开龛绘天王像的有10窟。绘于前室的南、北二天王像布局的是主流。在窟顶四角开凿浅龛，上绘天王像，各据一角，也较为流行，是四天王像布局出现的新的变化。天王身旁多有眷属胁侍，部分榜题清晰，可知四天王的眷属是八部鬼众，东方天王领乾闼婆、昆舍阇；南方天王领鸠槃荼、薜荔神；西方天王领龙众、富单那；北方天王领夜叉、罗刹。

沙州回鹘时期天王像锐减，仅有4窟内

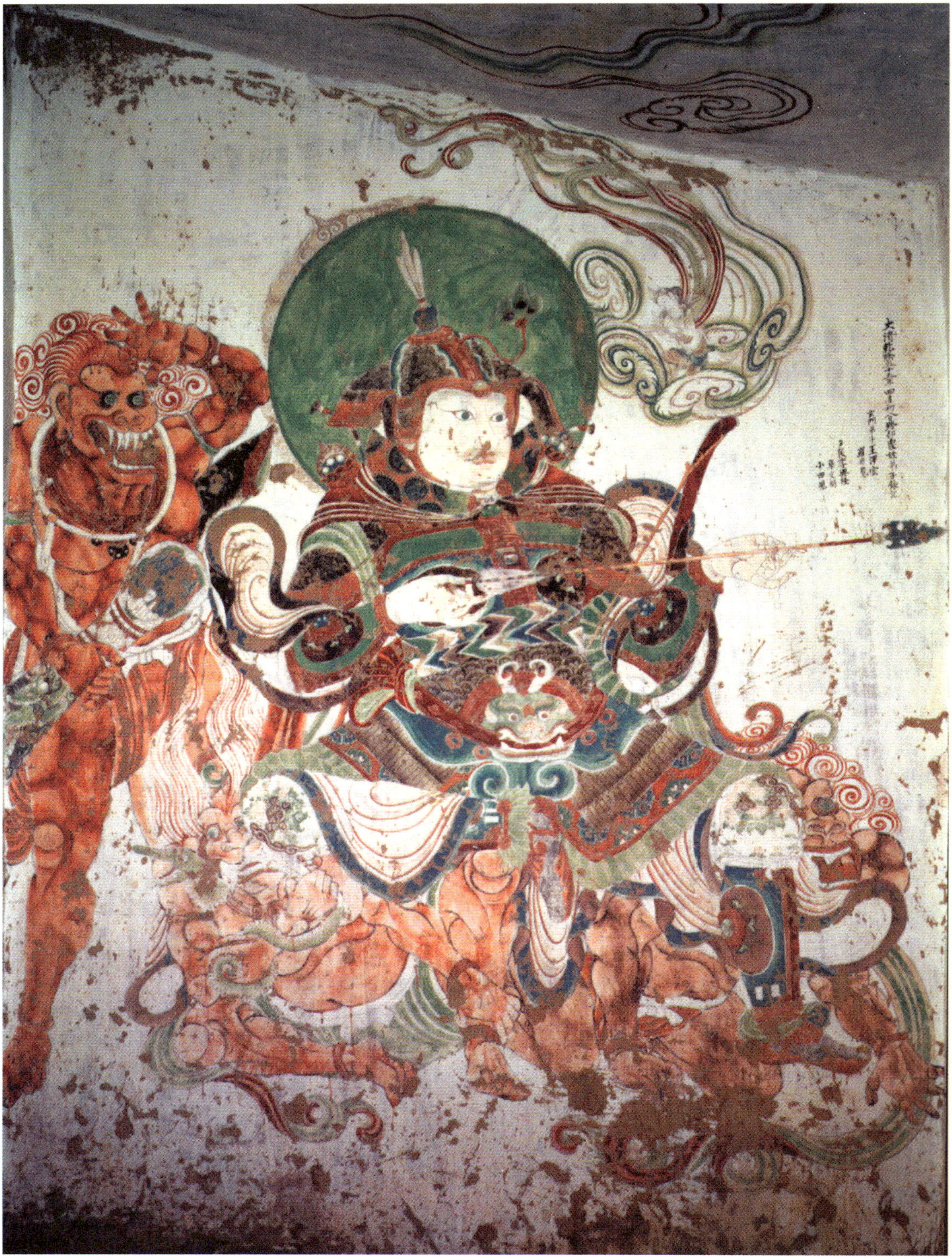

绘有天王像，其中绘二天王像的 3 窟，四天王像的 1 窟。至此以后，洞窟中不再有天王像。

敦煌尊像画中的天王形象，注重面部表情的刻划，有的深感护卫佛土责任重大而深锁眉头，神情严肃；有的裂目怒吼，时刻警惕，严防魔怪入侵。其形貌与中亚将军武士相近，性格刻画更接近人性，加上无严格的仪轨规定，造型自由，所以比起佛的庄严相，菩萨慈悲相来，更显得丰富，也更多地体现了时代的世俗情感和愿望。

4-2-5 毗琉璃天王　▲
南方毗琉璃天王，头束髻戴宝冠，红发碧眼，甲胄严身，右手握剑，左手抚剑，气势猛勇，立于小鬼身上。小鬼伏地，承托天王，肌肉爆起。
中唐　莫高窟92窟　西壁龛外

4-2-6 毗琉璃天王　◀
南方增长天王，梵名毗琉璃，头戴战盔，身披铠甲，左腕挎弓，双手持箭端详，舒坐于两鬼身上，二鬼奋力支撑。天王身后夜叉，兽面人身，手抱箭囊，令人恐怖。
中唐　榆林窟15窟　前室南壁

4-2-7 毗沙门天王   ▲

北方毗沙门天王，头戴展翼冠，赤发碧眼，铠甲满
饰团花、狻猊图案，左手托塔，右手持杵，作"恶
眼视一切鬼神之势"。为晚唐天王像之代表作。

晚唐　莫高窟12窟　前室西壁

4-2-8 毗沙门天王 ▲

毗沙门天王头戴宝冠，身披铠甲，手托宝塔，肩生
火焰，高踞中央位置，周围是夜叉、罗刹鬼众等眷
属。

晚唐 莫高窟9窟 中心柱西侧

4-2-9 提头赖吒天王 ▲

东方持国天王，梵名"提头赖吒"。戴宝冠，著金甲，
须髭浓黑，游戏坐于胡床上，执金刚杵，气概神勇。
榜题："谨请东方提头赖吒天王领一切乾闼婆神毗舍
离鬼并眷属来降此窟"。窟顶绘天王像，以镇佛窟。
五代　莫高窟98窟　窟顶东南角

敦煌之最

★莫高窟最有代表性的四大天王像

莫高窟现存天王塑像、画像二百余身，
是当今中国石窟、寺院中存天王像最多的石
窟。其中的代表作是第100窟中的"镇窟四
天王"。第100窟是河西归义军曹氏政权时
期在莫高窟开凿的大型覆斗式窟。窟顶四角
绘制四大天王，在教义上起镇窟作用，以示
四天王分护四方。在艺术上起装饰作用，至
今色彩保持如新。

4-2-10 提头赖吒天王　（见167页上图）

东方提头赖吒天王，头戴宝冠，浓眉大眼，满面发
髯，威严雄健，领部属乾闼婆及毗舍毗阇神将，护
卫东大洲弗婆提人。
五代　莫高窟100窟　窟顶东北角

4-2-11 毗沙门天王 ▶

北方毗沙门天王，头戴金冠，身着甲胄，红发披肩，
红眉、红眼珠、红须，双手捧金刚舍利塔，侧身胡
跪，两旁有夜叉、罗刹将及天人等部属，护卫北大
洲郁单越人。
五代　莫高窟100窟　窟顶西北角

4—2—12　毗琉璃天王　　　　　▲

南方毗琉璃天王，甲胄严身，红眉绿眼，张嘴欲吼，
手持弓箭，屈膝而坐，气势威猛。身旁有天女及诸
鬼神等部属，护卫南大洲阎浮提人。

五代　莫高窟100窟　窟顶东南角

4-2-13 毗留博叉天王

西方毗留博叉天王，头戴宝冠，身穿铠甲，右手握剑，左手托剑身，扬眉怒目注视前方，身旁有诸龙王、富单那（饿鬼）等部属，护卫西大洲瞿耶尼人。

五代 莫高窟100窟 窟顶西南角

3·天龙八部来自何方？

敦煌尊像画护法神系统中，最晚出现的是绘于佛龛内作释迦佛胁侍护卫的天龙八部像。这天龙八部又称为龙天八部或八部众，它们是天众、龙众、夜叉、阿修罗、乾闼婆、紧那罗、迦楼罗、摩睺罗伽。

佛教将世俗世界划分为三界（梵文Trilokya），皆在生死轮回中。最上为无色界，有四天；其下为色界，有十八天；最下为欲界，有六天；合为三界二十八天。在佛教把一日月照临的世界称之为一须弥世界，这个须弥世界，形如一个大圆轮，主要由九山八海、四大部洲等组成，须弥世界的中心是须弥山，山顶是帝释天居住的忉利天，山腰四面为四天王天，此为地居二天，加上空居的夜摩天、兜率天、化乐天、他化自在天四天，统称为欲界六天，亦称欲界天，除六天神外，人道、畜生道、地狱道、饿鬼道均属欲界，居此世界者都有欲望。

一、天龙八部中首位的天众，是诸天部尊神的总称。这些天神，原为印度民间信仰与婆罗门等宗教

4-3—1 八部众之天王 ◀
弥勒二会中之听法天王，代表八部众的天部。天王皆为武士形象，身披甲胄，手握兵器，威武雄壮，虎虎有生气。线描流畅，色彩鲜明，人物造型继承盛唐遗风。
中唐 榆林窟25窟 北壁

作为祈祷信奉的对象，其成立的时代远早于释迦佛陀，后为佛教引入作为佛教的护法神和护世神，其中著名的有梵天、帝释天、四天王天众等。佛教认为，他们虽身列神位，享受胜乐，但乃难免得苦，未能摆脱六道轮回，唯有信仰佛法，多作佛门益事，才能保全神位。

二、龙众（梵文Naga），印度语原意即"蛇"，由于东方人对龙具有特别的偏爱，故称龙。佛经中有众多的龙神，释迦诞生时有九龙灌顶；《法华经》中有难陀、跋难陀等八大龙王前来听法；《华严经》中有无量诸大龙王毗楼博叉、沙竭罗等兴云布雨，令众生烦恼顿消等。这些龙神，时在天上，时在海中，时为龙身，时为人首龙尾，担负着护持佛法，保祐众生的重任。

三、夜叉（梵文Yaksa），亦音译为药叉。原为印度神话中的神灵，掌管土地、树木、生育，轻捷勇健，能飞行土遁，来去无踪。属害人啖鬼，亦说能害人，与罗刹鬼并提。佛教吸收为八部护法

4-3-2 八部众之天王 ▶
弥勒三会场面中之听法天王，头戴宝冠或兜鍪，身披铠甲，手执利剑、斧钺，怒眼圆睁、虬髯飞动，以代表八部众中之天部诸神。
中唐 榆林窟25窟 北壁

之一，为毗沙门天王的眷属部众，护卫切利天。其形象青面锯齿竖发，凶煞可怖。

四、乾闼婆（梵文Gandharva），意为香音、香神等。原为古印度神话吠陀时代侍奉帝释天的音乐之神，佛教吸入后常作伎乐供养之神，演奏音乐。传入中国后，演变成翱游于虚空中的飞天形象，在护法八部众中，其像容多为戴虎冠之武装天部形。

五、阿修罗（梵文Asura），意为非天，印度固有之恶神，好斗，常与诸天作战，又为战斗之神，居住在须弥山北大海底宫中，曾与帝释交战，吞食日月，终被佛法征服，释放日月，改恶从善，皈依佛门，其形多为三面六臂，上举二手擎日月，其余持物不定。

六、紧那罗（梵文Kimnara），意为歌神、歌乐神等，此神形貌似人，具有

美妙的音声，能歌能舞，持物多与乐器有关。

七、迦楼罗（梵文Garuda），通称为金翅鸟，源于印度神话，被称为鸟中之王，其大无比，以龙为常食，后悔过受八关斋法，皈依佛门。其形容为戴金翅鸟冠之武装天部形。

八、摩睺罗迦（梵文Mahoraga），意为大蟒神，无足腹行，属乐神之类，其形

4-3-3 举哀八部众之天王 ▶
释迦涅槃时供养的天王，面带哀悼之色，西方广目天王头戴白莲花冠，怒目圆睁；南方增长天王头戴白羽兜鍪，圆睁凤眼，表现出震惊和意外的神情。
中唐 莫高窟158窟 西壁

4—3—4 举哀八部众 ▲

释迦涅槃时，以四天王为首的天龙八部前往拘尸城悲哀供养。护法八部众多为武士装束，四天王头戴花冠或兜鍪，其他神众各有标识，有蟒、龙、鱼、鹿、狮、孔雀、大鹏鸟等。

中唐　莫高窟158窟　西壁

容戴蛇冠作歌唱状。

　　在敦煌壁画中，绘天龙八部护法神像由来已久，在唐代众多的经变画中，许多佛说法场面就绘有天龙八部形象。但作为尊像画题材之一的天龙八部护法神像，则集中出现在五代、宋时期，10 个洞窟有绘。多绘于洞窟正壁龛内壁上为佛的护卫胁侍。其形象除阿修罗为六臂擎日月像和夜叉为恶鬼像外，其余诸众，全为头戴宝盔，甲胄严身的武士形，不同的是这些武将像的头盔上饰有各种兽类标志，以此区别其不同的身份，一般龙王为龙，乾闼婆

为虎，紧那罗为鹿，迦楼罗为金翅鸟，摩睺罗伽为蟒蛇，而天部像则以四天王像表现。这八部护法，皆双目圆睁，张口怒吼，须髯飞扬，各持兵器，表现出赳赳武夫的威猛雄健的身姿。

　　这一时期，除表现天龙八部众外，还绘有龙王礼佛的图像，有22窟。多绘于前室窟门两侧壁上，相对而画，画面上龙王

佛教中的各类护法神像，其创造多源于地域、民族的民间信仰和原始宗教，因此它们本身就蕴含有地域的、民族的思想、情感、愿望和要求，也因此缩短了人与神的距离。在敦煌壁画的创作中，它们以其接近世人的造型出现在庄严肃穆的佛和菩萨列行中，以世俗的情态与佛、菩萨表情的端庄、慈悲、宁静的情调形成了鲜明的对比，打破了神佛世界中静谧单调的气氛。

4-3-5　举哀八部众之鱼、鹿神众　▲
为释迦涅槃供养的鱼神，头饰鳌鱼，鱼头生耳，火珠眼，顶有双角，鹿神相貌颇凶，但头饰上的鹿却显得温文尔雅。
中唐　莫高窟158窟　西壁北侧

人身龙尾，手托供物，漫游海空，作赴会礼拜供养佛尊的行进状，从榜题可知，图中的八大龙王是依据《金光明经序品》中记述绘制的。

4-3-6　文殊八部众　▶
跟随文殊菩萨的天龙八部，有龙神、青狮神、鳌鱼神以及天王药叉，无不悲哀怒号，菩萨沉寂无声，垂目静思。
五代　莫高窟36窟　南壁

4-3-7　榜题八部众　　　　　　　　▲

八部众身着甲胄，大部分形象与天王像相同，威猛
雄壮。宝冠饰有各自身份的兽类标识，残存榜题有
"迦楼罗王"、"阿修罗王"、"揭路茶王"等。

五代　莫高窟6窟　龛内南壁

4-3-9　八部众之局部　　　　　　　　　　▲

八部众，怒目圆睁，张口怒吼，表现出赳赳武夫的
威猛雄壮的气概。大蟒神生得鹰鼻鹞眼，碧眼赤发；
鳌鱼神生得环眼长鼻，张口呼吼；青狮神面相平圆，
闭口无声。表现了当时敦煌地区生活的不同民族。
五代　莫高窟99窟　西壁龛内

4-3-8　榜题八部众　　　　　　（见177页图）

八部众粗犷勇武，头戴显示各自身份的标识宝冠，
有虎、鹿、蟒蛇等，在鹿头标识旁残存榜题"紧那
罗王"。该像是莫高窟最有代表性的八部众画像之
一。
五代　莫高窟6窟　西壁龛内

4—3—10 龙王礼佛图 ▲
两身龙王皆菩萨装束，在海上巡行。一身提笔写景，
药叉捧砚随其后，另一身手托花口杯，回首交谈，小
龙女亦捧珠回望。山峦环抱大海，河流迂回曲折，山
河一派壮丽。
宋　榆林窟38窟　东壁

4—3—11　龙王礼佛图 ▶
龙王头戴宝冠，张口大呼，手托刻花花盘，内生红
莲。行笔劲健有力，线描流畅细致。榜题有"大力
龙王"、"大吼龙王"、"持香龙女"等题名。
五代　莫高窟36窟　前室西壁

附录　　敦煌大事记

历史时代	敦煌行政建置	敦煌地区大事记	世界文明地区大事记
汉　　西汉 　　新 　　　东汉 （公元前 111～ 公元 219 年）	敦煌郡敦煌县 敦德郡敦德亭 敦煌郡	公元前 139 年张骞出使西域，历 13 年，获大量西域资料； 公元前 127 年，卫青、霍去病出击匈奴，历时 8 年，河西走廊归入西汉版图，敦煌成为通西域的门户； 公元前 111 年敦煌始设郡； 公元前 119 年，张骞再次出使西域； 公元前 69 年大族张氏自清河迁敦煌，家于北府，号北府张氏； 公元 16 年大族索氏自钜鹿迁敦煌，号南索； 公元 23 年隗嚣反新莽； 公元 25 年窦融据河西，恢复敦煌郡名； 公元 73 年班超出使西域，汉与西域断绝 65 年后恢复通好； 公元 97 年，东汉使节甘英到达波斯湾； 公元 120 年东汉置西域副校尉，主管西域事务，治所设在敦煌，敦煌成为中原王朝统治西域的军政中心。	公元前 174 年大月氏部落离开中国西部，迁往中亚； 公元 52 年贵霜帝国建立，统治中亚地区及印度北部，成为与中国、罗马、波斯并列的四大帝国之一； 公元 60～200 年印度编成《般若经》、《法华经》、《华严经》、《无量寿经》等大乘佛教经典。
三国 （公元 220～ 265 年）	敦煌郡	竺法护游历西域，携佛经东归，在长安、敦煌、洛阳传教译经，被称为"敦煌菩萨"。	公元 226 年波斯萨珊王朝建立； 公元 229 年贵霜王遣使到中国； 公元 242 年波斯人摩尼开始传教。
西晋 （公元 266～ 316 年）	敦煌郡	出现索靖、索袭、宋纤、氾腾等一批名儒。	

续表

十六国 前凉 前秦 后凉 西凉 北凉 （公元317～439年）	沙州、敦煌郡 敦煌郡 敦煌郡 敦煌郡 敦煌郡	公元320年，竺法护弟子竺法乘在敦煌立寺延学； 公元336年，始置沙州； 公元366年，沙门乐僔在敦煌莫高窟修建第一个洞窟； 公元384年，苻坚徙江汉民众到敦煌； 公元400～405年，为西凉国都； 公元413年，中天竺名僧昙无识到敦煌译经弘法。	公元320年，印度笈多王朝建立； 公元339年，波斯禁基督教； 约公元4世纪，印度教形成； 公元422年，波斯下禁基督教之令。
北朝 北魏 西魏 北周 （公元439～581年）	沙州、敦煌镇、义州、瓜州 瓜州 沙州鸣沙县	公元444年，置镇，公元516年，罢为义州，公元524年复瓜州； 公元530年，东阳王元荣在莫高窟修造佛窟； 公元563年改鸣沙县，至北周末； 公元571年，瓜州刺史、建平郡公于义在莫高窟修造佛窟。	公元455年，波斯萨珊王朝遣使到中国； 公元518年，波斯与北魏通使； 公元521年，龟兹王遣使致书南朝的梁朝，赠送方物。
隋 （公元581～618年）	瓜州敦煌郡	公元601年，隋文帝诏天下诸州建灵塔，送舍利至瓜州崇教寺（莫高窟）起塔； 公元609年，隋炀帝巡幸河西，会见西域诸国可汗，并派人到敦煌造寺修塔，三十多年间在敦煌开窟94个。	公元606年，戒日王即位，定都曲女城，北印度归于统一； 公元610年，阿拉伯人穆罕默德创立伊斯兰教； 公元615年，吐火罗、龟兹、疏勒、于阗、安国、何国、曹国等遣使到中国向隋朝朝贡。
唐 （公元619～781年）	沙州、敦煌郡	公元622年，设西沙州，公元633年改沙州，公元740年改郡，公元758年，复为沙州； 公元618～704年，在敦煌历史分期上为初唐期； 公元695年，禅师灵隐、居士阴祖等在莫高窟修建高达35.2米的北大像；	公元630年，穆罕默德以麦加作为伊斯兰教朝圣之地； 公元640年，戒日王遣使到长安，为中印邦交之始； 公元644～656年，阿拉伯文《古兰经》成书；

		公元 704～781 年，在敦煌历史分期上为盛唐期； 公元 721 年，僧人处谚与乡人马思忠等造高达 27 米的南大像。	公元 651 年，阿拉伯军攻波斯，波斯向唐求援； 公元 652 年，阿拉伯灭波斯萨珊王朝； 公元 692 年伊斯兰教伟大建筑耶路撒冷之石制圆顶教堂建成； 公元 716 年，印度沙门善无畏来长安。
吐蕃 （公元 781～848年）	沙州敦煌县	公元 781 年，吐蕃占领敦煌，统治当地达 67 年，这段时期在敦煌历史分期上为中唐期，也称吐蕃时期。	公元 795 年，巴格达设造纸作坊，以中国方法造纸。
张氏归义军 （公元 848～910年）	沙州敦煌县	公元 848 年，张议潮逐走吐蕃，归降唐朝，后被册封为归义军节度使； 公元 851 年，唐朝以沙门洪訔为河西都僧统，管理僧侣事务； 公元 868 年，敦煌发现的最早的雕版印刷佛经在这年出版。	
西汉金山国 （公元 906～914年）	国都	公元 906 年，归义军节度使张承奉自立为白衣天子，号西汉金山国； 公元 911 年，张承奉向回鹘求和，尊回鹘可汗为父，改称"敦煌国"，去天子称号，改称王； 张议潮至张承奉统治期在敦煌历史分期上为晚唐期。	
曹氏归义军 后梁 后唐 后晋 后汉 后周 宋 （公元 914～1036年）	沙州敦煌县 沙州敦煌县 沙州敦煌县 沙州敦煌县 沙州敦煌县 沙州敦煌县	公元 914 年，曹议金取代张承奉，废金山国，仍称归义军节度使。	公元 916 年，通往中亚的路被藏人和阿拉伯人占领； 公元 991 年，阿拉伯数字开始传入欧洲； 公元 1000～1026 年，伊斯兰教传入印度。

西夏　　　西夏 　　　　　蒙古 （公元 1036～ 1227 年）	沙州 沙州路	公元 1036 年，西夏攻占沙州，归义军政权结束，敦煌由西夏控制；西夏在莫高窟重修 60 窟。	公元 1204 年，十字军攻陷东罗马帝国的君士坦丁堡，建立"拉丁帝国"，东罗马帝国分裂为三部。
蒙元　　　　元 　　　　　北元 （公元 1227～ 1402 年）	沙州路 沙州路	公元 1227 年，蒙古占领敦煌； 公元 1229 年，蒙古自敦煌置驿抵玉门关，以通西域。	公元 1256 年，波斯被蒙古军征服； 公元 1258 年，阿拉伯阿拔王朝被蒙古军征服，同年蒙古军在其征服的伊朗、阿富汗、两河流域等地建立伊儿汗国； 公元 1369 年，帖木儿汗国建立，以撒马尔罕为首都，成为中亚强国。
明 （公元 1368～ 1644 年）	沙州卫、罕东街	公元 1372 年，明将冯胜经略河西，建嘉峪关，敦煌被弃置关外； 公元 1516 年，吐鲁番占领敦煌； 公元 1524 年明朝关闭嘉峪关，沙州民众内迁，敦煌凋零。	公元 1404 年，帖木儿准备进攻中国，于征途中病死； 公元 1453 年，君士坦丁堡被土耳其军攻陷，东罗马帝国灭亡； 公元 1498 年，达伽马航抵印度； 公元 1550 年，帖木儿帝国灭亡； 公元 1526 年，印度莫卧儿帝国建立； 约公元 16 世纪，阿拉伯民间故事集《一千零一夜》成书； 公元 1632 年，印度修筑泰姬陵，被喻为世界七大建筑奇迹之一； 公元 1669 年，莫卧儿帝国禁止婆罗门教。
清 （公元 1644～ 1911 年）	敦煌县	公元 1715 年，清兵出嘉峪关收复敦煌一带； 公元 1724 年，筑城置县； 公元 1900 年，道士王圆箓在清除积沙时，发现藏经洞。	公元 1857 年，英军攻陷德里，印度莫卧儿帝国灭亡。

图书在版编目（ＣＩＰ）数据

佛国尊像 / 罗华庆著. -- 上海 : 华东师范大学出版社, 2016.1
（解读敦煌）
ISBN 978-7-5675-4695-0

Ⅰ.①佛… Ⅱ.①罗… Ⅲ.①敦煌石窟－佛像－研究
Ⅳ.①K879.214

中国版本图书馆 CIP 数据核字(2016)第 027590 号

解读敦煌
佛国尊像

著　　者　罗华庆
摄　　影　孙志军
策划编辑　王　焰
项目编辑　储德天
文字统筹　陆晓如
文字编辑　张巍元
封面设计　卢晓红
版式设计　大禾文化
排　　版　刘新慧

出版发行　华东师范大学出版社
社　　址　上海市中山北路 3663 号　邮编 200062
网　　址　www.ecnupress.com.cn
电　　话　021-60821666　行政传真　021-62572105
客服电话　021-62865537（兼传真）
门市（邮购）电话　021-62869887
门市地址　上海市中山北路 3663 号华东师范大学校内先锋路口
网　　店　http://hdsdcbs.tmall.com/

印 刷 者　上海中华商务联合印刷有限公司
开　　本　787×1092　16 开
印　　张　11.75
字　　数　115 千字
版　　次　2016 年 3 月第 1 版
印　　次　2017 年 3 月第 2 次
书　　号　ISBN 978-7-5675-4695-0/J·273
定　　价　76.00 元

出版人　王　焰

（如发现本版图书有印订质量问题，请寄回本社市场部调换或电话 021-62865537 联系）